岭上多白云

南山如济的茶隐生活

南山如济 著

陕西师范大学出版总社有限公司

图书代号：SK12N1113

图书在版编目（CIP）数据

岭上多白云 / 南山如济. ——西安：陕西师范大学出版总社有限公司，2013.1

ISBN 978-7-5613-6690-5

I.①岭… Ⅱ.①南… Ⅲ.①散文集—中国—当代 Ⅳ.①I267

中国版本图书馆CIP数据核字（2012）第 229823 号

岭上多白云
南山如济 著

策划编辑／	郭永新
责任编辑／	彭　燕
出版发行／	陕西师范大学出版总社有限公司
	（西安市长安南路199号 邮政编码 710062）
印　刷／	西安建科印务有限责任公司
开　本／	660mm×980mm　1/16
印　张／	10.5
插　页／	1
字　数／	100千
版　次／	2013年1月第1版
印　次／	2013年1月第1次印刷
书　号／	ISBN 978-7-5613-6690-5
定　价／	22.00元

读者购书、书店添货或发现印刷装订问题，请与营销部联系、调换。
电话：（029）85307864　　传真：（029）85303879

内容提要

南山如济在终南山的山谷里修葺了一座茅棚,又在距离茅棚不远处搭建了一架茅亭,取名南山亭。在白云缭绕的终南山,这些用泥土和草木筑成的简陋建筑,就像一千六百年前陶渊明笔下的桃花源。这里是南山如济的栖隐所在,也是山中隐士、过往云游者的歇脚处。他们在这里烧火煮茶,谈玄说妙,坐看云卷云舒,坐等时光片片凋零。

对于终南山白云深处的隐士们来说,有座可以栖身的茅棚,有个可以饮茶的茅草亭,是他们清修生活的一大乐趣。南山如济在这里耕种读书,煎水煮茶,过着一种简单而清贫的山居生活。他以淡泊幽雅的文字,记录着一种与现代都市生活完全不同的生存状态,为我们解读如何在远离尘嚣的寂静大山里找到通往心灵家园的本真之路。

"过清贫生活,重建人格尊严",这是南山如济在文章中提出的一个观念,是他为治愈现代文明痼疾所开出的一剂药方,也是他寄迹山林、悲悯世事的隐修生活的真实写照。深受现代都市文明诱惑和侵蚀的我们,能接受这样的药方吗?或者我们应该问问山顶白云,问问涧底溪流,看看它们能否给予我们答案。

"桃花流水窅然去,别有天地非人间"。流水淙淙,落花纷纷,没留下一句话语。

"回看天际下中流,岩上无心云相逐。"白云悠悠,青山隐隐,不带走一声问候。

"三十年来寻剑客，几回落叶又抽枝。自从一见桃花后，直至如今更不疑。"这是唐代灵云志勤禅师的一首悟道诗偈。灵云志勤禅师芒鞋斗笠，四处行脚参访，寻找"禅"在何处，却始终找不到答案。直到有一天他偶然看到枝头桃花开放，这才疑情冰释、恍然大悟：禅意原来不在别处，就在桃花枝头，就在我们每个人心底！

就让我们暂时放下身心世界，从繁忙的尘世俗务中挣脱出来，打开书桌上这本书，并为自己冲瀹一杯清茶，在南山如济幽雅明净的文字里，找寻那一片属于我们每个人心底的桃花源。

Clouds Around the Mountains

Nanshan Ruji built a thatched cottage at the valley of South Mountain, near which Ruji set up a tea pavilion, named as South Mountain Pavilion. These simple and crude buildings made of clay and grass, located in the south Mountain wound by white clouds, are where Ruji live in seclusion and also the place where hermits and roamers can stop on the way for a rest, just like the Peach Garden described by Tao Yuanmin one thousand six hundred years ago. These hermits and roamers made the fire and boiled tea, as they talked about the mysterious thing and appreciated the beauty of it, with the time idling away.

For the hermits in the far south mountain, it adds to the pleasure in their spiritual practice to have a place to dwell in and drink tea. Ruji farmed here, read here, drank tea here, living a simple, poor yet happy life. With the plain and tasteful words, Ruji recorded an alternative existent state, totally different from modern urban life, offering his personal experiences in helping people find an authentic road to their spiritual world by returning to the remote mountains.

"Live a poor life, reshaping personal dignity" is an idea reflected in Ruji's articles. It is not only a prescription to heal the ills of modern civilization, but also the true portrayal of Ruji's secluded life. However, can we accept it? So deeply lured and corroded by the urban civilization, can we abandon the life we have been accustomed to? Perhaps, we can ask the white cloud overhead, or the trickling brook underneath the gully for advice.

Yet, silence! The peach blossoms drifted away silently with the flowing water.

"I turn and see the waves moving as from heaven, and clouds above the cliffs coming idly, one by one." The clouds, the mountains, they also keep silence.

To find the answer, Chan master Linyun (Tang dynasty) visited the great masters everywhere. One day very accidentally he saw the peach blossom come into bloom. At that moment, he was suddenly enlightened. The answer just lies in our very heart. You can never find it elsewhere. He wrote a poem to memorize the moment. "For thirty years, I have wandered everywhere to find the truth. Flowers came out and withered year after year. I still wandered. Until the moment I saw the peach blossoms. I knew I got it."

Hence, for the time being, shall we forget the worldly affairs. Open the book in front of you. With a cup of tea in hand, read the words, feel the words. In meditating Ruji's spiritual world, you will be able to find the peach blossom of your own.

嶺上に白雲多し

　南山如済は、終南山の谷間に一軒のかやぶき小屋と、その近くに南山亭と名付けたあずまやを一つ建てた。白雲がゆったりと浮かんでいる終南山で、これらの土と草で作られた粗末な建物は、1600年前に陶淵明によって書かれた桃源郷のような、南山如済自身が隠遁する場所であり、また山の中の隠者や各地を行脚する人々が足を休める場所でもあった。彼らはここで、火をおこしてお茶を入れ、奥深い話を語り合い、座って雲の模様を眺めたりして、月日を送った。

　終南山の奥まった場所にいる隠遁者にとって、一時身を寄せるかやぶき小屋があり、お茶を飲めるかやぶきのあずまやがあることは、彼らの、静寂な内に修養を積む生活には大きな楽しみの一つであったと言えよう。南山如済はここで、田畑を耕したり、読書をしたり、お茶を入れたりして、簡素で清貧な隠遁生活を送っていた。彼は、恬淡かつ優雅な文字で、現代都市生活と全く違う生活状況を記録し、我らに、いかに世の中の喧騒を離れ、精神世界を重視するかの貴重な経験を提供してくれている。

　「清貧な生活を過ごし、人格の尊厳を再建する」、これは、南山如済が文章の中で提唱した一つの考え方である。それは彼が現代文明の持病を治すために出した薬であり、彼による山奥での隠遁生活の客観的な描写でもある。現代の機械文明に強く誘惑され、浸かった我らは、この薬を受け取ることができるのだろうか。もしかしたら我らは、山頂の白雲や谷川の渓流に尋ねるべきかもしれない。するとそれらは、我らにいったいどんな答えを与えてくれるのだろう。

「この山の中を桃花流水が杳然として流れていく、天地の間にありながら人間の世界ではないかのようだ」。水がさらさらと流れ、散り落ちた花がはらはらと舞い、一語も残してくれなかった。

「はるか彼方を巡り見て、川の中ほどを漕ぎ下っていけば、昨夜舟を停めた岩の上空には、無心の雲が流れていく。」白雲がゆったりと浮かび、青々と茂った山がはっきりせず、一語も持って帰れなかった。

「三十年間、全く無駄なことをしていたに過ぎなかった。何度葉が落ち、枝が生え替わっただろうか。一度、桃華に仏道の真実を見てからは、今に至るまでその真実を疑うことはない。」これは、唐の時代の霊雲禅師によって書かれた悟りに関する作品の一首である。

霊雲禅師はわらじを履き、笠をかぶり、至る所を行脚し、参拝したが、結局は答えが見付からなかった。ある日、彼は偶然に桃の花が盛りで咲きそろっているのを見て、悟った。なるほど、禅の境地というものは、本来別のところではなく、盛んに咲き競っている桃の花にあり、我ら一人一人の心の底にあるものである、と。

それではしばらく心身の世界を遠ざけ、多忙な俗世から脱出することにして、机の上の原稿を開き、自分のために一杯のお茶を入れて、南山如済が書いた、恬淡かつ優雅な文字の中で、我ら一人一人の心の底にある桃源郷を探してみよう。

代序

禅茶白云际

寇 丹

隐士文化在三千多年前就萌生了。在道家学派的《易》中,就以赞扬的口吻说隐士是一群"不事王侯,高尚其事"的人。"高尚其事"就是不关心世事,也不去管国家有什么政令,只满足于在清静的环境中自我耕作,自由生活。古史传说中的巢父、许由;商末时的伯夷、叔齐;到后来魏晋时的刘伶、阮籍等"竹林七贤"、陶渊明等就是出于不同动机而成为了隐士的人。三国诸葛亮的"宁静致远,淡泊明志"的隐逸思想,影响着世代的文人士子。这句话也被今天许多人写成条幅挂在家里。就在你手上的这本书中,作者写了一群在终南山里独自守卫着自己的精神家园,恪守着(哪怕是有时间性的)漠视物质享受、追求内心安宁的民族人文传统的人。

儒、道、佛、隐都有真假之别。我只是想说今天的终南山中,还存在着隐士生活的追求者,他们吸引着许多中外人士的目光。这些在大山茅棚里居住的人的思想、知识及思考范围已远远地超过了古人,我们不必去辨别他们是大隐还是小隐,真隐还是假隐,只要他们存在,就是一个值得思考研究的社会问题。

作者马嘉善有许多别号,南山如济只是其中之一。他酷爱古诗与茶,在国内外有许多的朋友。六年前,他来浙江湖州,要我带他去瞻仰茶圣陆羽墓。驱车来到妙西镇侧的杼山上,我向他说明陆羽墓早已埋没，这只是当地百姓自筹自建并每年按时祭祀的一个纪念性的地方。嘉善先生穿着中式服装，虔诚地献了茶并叩头祭拜，然后坐在石头上拿出他随身带着的竹箫吹奏起来。我静坐在远处，看头顶上翠竹蔽空，阳光稀疏地洒在身上，耳畔的竹箫声随着轻风在这杳无一人的山里悠悠回旋。以前，我曾陪伴过无数的中外茶人来到此地瞻仰，但像他这样的还是第一位。此后，我们多次在不同的国际会议上见面，他依然简朴、认真、虔诚地组织海内外茶人一起品茶、联诗、座谈，并拿出他的竹箫吹出我们听不懂却可意会的曲子。现在，他给我发来了《岭上多白云》的文稿请我写序，我的心一下子凝重起来，我写些什么呢？

我看完了十万字的书稿，因为我没到过终南山，就想象着山的凝重大气与茅棚的简约矮小。再读或优美或深邃的文字，读佛与禅茶的典故，任由思绪翩然升起落下于纸于心，仿佛我也推开了斑驳的木门，听到了火的哔剥，感受到了瓦罐中水的翻腾与在鼻翼边闪过的茶香，而心中忐忑的却是不知他给我的是粗茶碗还是细茶盏。如果他搬出整套细瓷茶具，不管他泡的茶是凤凰单枞、武夷水仙还是云南普洱，那我会掉头就走。因为我是进入山野茅棚不是到富丽的轩殿。我觉得我进入他的山居也是进入我内心的一种渴望。岭上白云，屋里茶香，我要的是一分短暂自由与自在。

终南山依旧，只是换了人间。住在茅屋里的是现代的隐士。至少他们从手机里可以知道妻子的召唤，可以向千里之外的茶友发一首诗，奉一盏茶。从这本书中我们可以详细地看到南山如济有能力营建他的茅屋与茶亭。怕人来偷盗，故意把新买的的铝锅敲上几处凹痕；在烟熏火燎成黑色的茶缸里泡出的却是价格不菲或是稀有的名茶，然而这都是些所谓的皮相。如果细看这本书，就可以知道，南山如济这位现代的隐士同样有着与两千年前终南隐士一样的清澈无尘的内心。只是，他还多了一份责任，就是通过文字让我们了解现代社会中还有着一种传统的隐士文化、隐士实践，了解他们详尽的佛、禅、茶事生活与思想。

这本书通过茶的媒介展现、传播饶有趣味的庄子、孔子、释迦牟尼思想，也通情达理地用茶禅一味启悟人们。仿佛在他的千竹庵里，汇集了古今哲人、茶人在讨论着人生的种种课题。茶喝干了再倒，水罐里始终都有嘟嘟的水声和一缕缕茶香。那茶香，牵缀起时空，让我们忽远忽近地温习着一段久失的气息，让这充满浮躁和缺失信仰与道德的空间有暂歇的清空。

南山如济是位有情趣的人。他法喜充盈的眼里看到的大都是事物美好的一面，他向佛座烧香、诵经、耕锄，更不忘在桌上摆几枝山花枯藤；他抻纸书画，或让低回的洞箫来表达内心的波澜。我始终认为，人生不由己，死是共同的终点，当中或长或短的一段活着的时间，都是在享受一个情字。有情有爱，旅途才有风景，人生才有滋味。佛要普度众生，如果不以情为基础，怎会有慈悲二字？菩是觉悟，萨指情爱，觉悟了的对众生的情爱是大家乐于接受的。隐士文化在时光的流逝中又似潜流突然冒出地面，的确是社会的一个折射亮点。

巍巍终南山经历了亿万年的沧桑，泾河的清澈和渭水的浑浊纠缠着在大地上流淌。那山沟里的茅棚以纤弱的身躯积蓄着能量，悠悠的白云见证着一群人用智慧在寻求理想。佛的缘起因果学说验证着历史的发展，这本内涵丰富又有茶香禅意的书，给了我们丰富的营养。

序

总有一盏茶汤在那里等你

张剑峰

云在山顶上丝丝蔓延,雷声从云层中穿过,声音惊起一片山鸟。听到雷声,刘玄德会吓得丢掉手中的酒杯,而云层下一片竹林中一个茅庵里一个人在煮茶,听到雷声,他抬起头看一眼,继续低头煮茶,茶香袅袅上升。那人就是那个移兰花上山的人——千竹庵主人。

千山暮雪中,万径无人,风中有人吹箫,墨绿的竹林茅舍中围着红泥小火炉独自吹箫的,就是千竹庵主人。

微雨中挽着裤腿像要蹚过河水去,不是去约会,而是去煮茶的那个人,不是写《茶经》的陆羽,而是千竹庵主人。

千竹庵主人雅致,像我这样会爬上树去睡觉的粗人却也曾经有幸去他的茅庵里讨过茶喝。

几年以前,终南山心一居士向我推荐了一位城南名士,听说为了一盏茶,很多人不远千里来终南山下找他。祈祷了很久,我终于在城市的一隅见到了传说中的千竹庵主人南山如济。

认识久了之后,我常参悟南山如济先生的茶事功夫到底在哪里。因为同在终南山中建茅庵,我经常去冷香斋或者千竹庵向先生讨教。有时候我们会一起出坡干活,在山上干起活来,他的功夫令人称奇。在茶盏前,他的手法干净利落。

每次他总会提前一天准备茶室，每次约见，他总先我到达。某次一起去采办山中物品，路上我照旧姗姗来迟，并认为做事也要像喝茶那样悠然，但是先生则认为做事要利落，煮茶才悠然。那一次，我第一次破天荒地以最快的速度办完事，然后我们在山上很悠然地喝了半天茶，然后又悠然地回到城市中。

唐朝的时候，有人站在终南山上向山下的长安城望去，看灯火中长安城万丈红尘。但是在那个时代，茶事在生活中占着很大的比例，那些穿着素衣的人，或坐在庭院的花树下听着水声，或支颐独坐。那些关于茶和人的事物现在已经定格成为古画，现在没有人再愿意穿那些宽大的衣袂飘飞的衣服，坐在树下或屋檐下煮茶了。在这样一个时代，一点点茶事微小得使人几乎无从谈起，但足够使人慰藉。

自唐宋以来，中国那些有风骨的人都容易在一盏茶汤里找到生活的真味，饮茶不仅风雅而且是一种生活的尊严。宋以后，我们民族的尊严连同茶盏一起被弄丢了。现在国人在酒足饭饱之后开始关心茶事，但是更多人所熟悉的仍然是茶艺而不是茶的灵魂。茶圣陆羽认为茶宜俭德之人饮用，饮者从那时起就有了格调，一个懂得修持的君子才真正配称为茶人。自古以来就有一部分人在茶这种灵性的树叶中完善了自己的生命，只有这样才使一片有生命的树叶不被浪费。

懂得感恩，关心农事，过清贫生活。这是如济先生在茶事中处处流露出来的情怀。捧读先生的这本书，你会了解，几千年前我们的古人也是这样生活的。如济先生自号南山子，有时候我想，他正像古代潜伏在我们这个时代的一位君子，他的存在就是让我们由一杯温暖的茶汤开始心生愉悦，目光清澈，更加深入地回归到生命自身来。而这正是我们的祖先创造一切文化最终的用心。

山中的月夜天湛蓝，云如水墨流动，月光能够将身体照透，这时候我常想起如济先生，他也应该在望月吧，在月光中，他时而抚琴时而徘徊，有茶汤做伴，他的茶杯里多一个月亮，他获得的月光比我多一些。

"过清贫快乐的山居生活。不依赖他人，不依附社会，将自己融入到大自然中去，单纯而诚恳。用汗水浇灌脚下土地，用智慧长养心中菩提，与山相适应，以山为邻，以山为友，以山为依止。将自我身心和山林融为一体。"有一段时间，隐士文化大受关注，如济先生见面经常念叨着一句古人的诗："相逢尽道休官好，林下何曾见一人。"前不久，他效仿陶彭泽弃官归农，丢下优厚的公职踏着清风归山去了，还好他留下了这些有关茶事的文字。

不管水中煮的是神马，最终我们喝的总是各种各样的水。一釜煮尽千江水，即使小小的一壶茶也足以照见天光云色和隐者的表情。一个人能够品味水的真味，就离道不远了。

水利万物而不争，人须有水的变化万千和柔和，这是水之德。水来自天上，依大地而流转升降，化于万物而不失真性。在中国没有能逃出山水范畴的事物，一枚小小的茶叶需要得天地的滋养孕育而与水调和，水来自天地间，茶叶得天地生发之气，二者合二为一，喝茶者站在天地、山水、草木间，获得天地的眷顾，还有什么患得患失的？

在你疲惫的时候，不管你走在人群中还是走在天涯海角，希望总有一盏升腾着热气的茶汤在那里等你。能够看见一个小小的茶盏，你就是人中的白莲花。

大地之上无处不是终南山千竹庵，无处不是茶事。

目录

我的南山亭	001
山中草庐	006
南山亭	009
茅棚	011
住山	013
闭关	019
清净	022
终南茅棚	027
广福茅棚	030
惭愧	033
担水	036
劈柴	039
烧火	042
山居茶事	046
煎茶	047
煮茶	051
饮茶	054
普茶	060
瓦罐茶	062
吃茶一斗	065
独饮得趣	068
杏花入茶	073

目录

荷香入瓯 ……………………………… 075
修心怡情 …………………………… 078
　听琴 ………………………………… 079
　围棋 ………………………………… 083
　笔墨 ………………………………… 087
　听雨 ………………………………… 091
　烹雪 ………………………………… 094
　敲冰 ………………………………… 098
　临风 ………………………………… 104
　赏月 ………………………………… 106
茶禅一味 …………………………… 109
　山泉 ………………………………… 111
　石灶 ………………………………… 114
　山厨 ………………………………… 116
　锅碗瓢盆 …………………………… 119
　禅堂 ………………………………… 123
　茶鼓 ………………………………… 128
　山门 ………………………………… 130
　木桥 ………………………………… 135
　莲池 ………………………………… 138
　千竹庵 ……………………………… 141
　南山如济山居诗选录 ……………… 144
　后话 ………………………………… 147
跋：随所居处，皆是终南 …………… 149

我的南山亭

这些文字是七八年前修建终南山茅棚时写的,记录了当时的一些所见所闻和感想。在心里一直犹豫要不要将这些文字发表出来,一是觉得机缘尚未成熟,二来怕影响到住山行人的清静生活。但又想,或许我们身边这个世界现在很需要一服清凉剂,使生活回归简朴,使思想重归理性。所以踌躇再三,还是决定将这些文字略作整理,一则供养大众,二来使大家对终南山茅棚以及住在这里的修行者们,有一个真切的理解。

现在是一个物欲横流的时代,一个光电信息的时代,文化已沦陷为庸俗娱乐的代名词,精神也颓废成一片荒原。我们身处这样的时代,究竟该如何找到人生的出路?

人是有思想、有感情的动物,所依赖的不仅仅是物质。在某种层面上说,我们依赖精神会更多一些。

一朵山花开放在山崖上,她所依赖的是土壤、水分、空气和阳光。如果土壤、水分是物质,空气和阳光就是精神。

当然,这只是个譬喻,毕竟人类的生命要比花草丰富得多。

或许,只要我们在某种程度上摆脱了物质的束缚,精神就会得到相对自由。而摆脱这种束缚的方法,或许就是抛弃现代文明,一个人在大山里隐居。

太阳上山了劳作，太阳下山了休息。

凿井而饮，耕田而食。

帝王的政令对于我们又有什么意义呢？

据说这是上古尧帝时期的一首民歌，名为康衢老人《击壤歌》，描写了那个时期人们安居乐业的生活状态。

当然，我并非鼓励大家都住到山里去。我所说的大山，是指我们最后的精神家园。

中国一直是个农耕社会。中国人对山林的喜爱，远远超越世界上任何其他民族。"隐居""隐遁""隐士""隐逸""栖隐""山居"这些字眼是中国文化所特有的，为中国人所熟知。中国历代许多诗歌、文章以及绘画等，所表现的也是这类题材，这在世界文化范畴内是绝无仅有的。

而我们却抛弃了这些传统，我们在标榜"科学""民主""自由""平等""博爱"这些西方口号的同时，轻易就否定了东方所固有的人文精神传统。现在看来，这很轻率。所以现在的问题很多，归纳起来无非就是西方真正有价值的东西我们并没有学会，东方传统美德和文化精神却被完全丢弃了。我们现在所谓的文化乃至精神是残缺、扭曲甚至畸形的。中国古代有个"邯郸学步"的寓言，说的就是这个意思。

在这种不健全的文化精神引导下，我们的社会生活也出现了严重偏差。我们内心的贪欲越来越强烈，滥用权势，贪图物质享受，蔑视个体生命，违反自然规律……在汹涌的经济发展洪流中，我们彻底溃败了，沦落成为富足的文化乞丐，成为现代文明的可怜囚徒。

我们已经向大自然索取了很多，现在更是强取豪夺到了无以复加的地步。河流减少、山林损毁、湖泊干涸，大地山河在人类的贪欲和攫取中痛苦呻吟。伴随着现代文明的迅猛普及、泛滥，我们还能保留住身边这一处最后的栖身地吗？

韩国已故法顶禅师曾如是说："大自然是现代文明唯一的解毒剂"。现代文明不但污染了我们的生存环境，也污染了我们的精神家园。到处都在开采煤矿、拆迁房屋、建筑施工，身处这样的"建筑工地"中，人们的心里普遍烦躁，不得清净。人类为了眼前利益而违反自然规律，随之而来的是不安全食品泛滥、疾病肆虐、交通拥堵、自然灾害频发等一系列问题，这一切无疑是大自然对我们人类的警示。但我们却视而不见，继续着杀盗淫妄的恶业，等到劫难到来时，恐怕已经无可挽回了。

我们太注重金钱、太注重眼前利益、太注重物质享受了，这些都是内心贪欲的体现。

中国圣人李聃在《道德经》中说："五色令人目盲，五音令人耳聋，五味令人口爽。"意思是"艳丽的色彩使人眼花缭乱，动听的音乐使人耳根迟钝，美味的食物使人味觉麻木。"现代人易患的烦躁、抑郁、颓废等病症都是物质太过丰厚引起的。而高血压、高血脂、高血糖等"富贵病"，则是过多摄取物质营养的结果。

唯有过清贫日子，才能治愈人心贪欲。

可惜，我们身边大多数人还没有完全从噩梦中清醒。

也许我们对这些"伤痛"的觉悟和治愈要在几十年后，但我们现在就应该做好保护大自然的工作。珍惜每一滴水，爱护每一朵花，保护每一只小鸟。因为它们是治愈现代文明污染的良药。

归根结底，这一切莫非因缘和合的结果。一个人有宿命，一个民族、一个国家、一个世界，乃至一棵树、一株草、一朵花、一只蚂蚁，也逃不过宿命的安排。

这些大的因果我们不可能改变，但应该尽量营造一个小环境，来消除自己的业障，来成就自己的道业。佛陀说"人身难得，中国难生"，我们应该珍惜此身，不枉此生。

我经常在思考：我们到底应该如何活在当下？

活在当下，是一句禅宗话头，意思是要我们放下妄想执著，只注重当下一念。

我个人觉得，要活在当下，就应该过清贫生活，就应该重建人格尊严。

说这些话的时候，心里很痛，因为每一个有良知的人都知道，我们目前在生活中并没有建立起应有的人格尊严，生活中有太多的事情使我们困惑和难堪。

所以学会过清贫的生活是关键。我们对这个世界所求越少，身心就越会得到解脱。如果我们能将个人生活所需降至最低，对社会、他人的依赖就会很少，障缘也会随着减少。过分依赖社会和他人，我们的个人尊严就很难建立起来。中国古代有许许多多隐士，他们不依附他人，远离社会，过着清贫快乐的生活。许由在河流中清洗耳根，伯夷、叔齐不食周粟，陶彭泽弃印归农，都是这个意思。禅宗教人放下，也是这个意思。

苏轼有诗曰："常恨此身非我有，何时忘却营营。"其实我们的身体乃是"地、水、火、风"四大的合成，本来非有，只是自以为有个我的"身体"而已，这就是佛教所说的"我执"。只有破了我执，才可以真正过清贫生活，才有足够资粮入山修道、住茅棚，甚至止语闭关。

我个人以为在当前社会人文环境下，提倡"过清贫生活，重建人格尊严"，比西方人士倡导的"环保""关爱""分享"等话题更适用，也比时下国人间所流行的"绿色""低碳""环保"等更有意义。

如果每个人都能体面地劳动、生活，独立思考、阅读，生活变得美好而有尊严，我们身边的世界也就会随之而改变。佛经中说，山河大地、草木鱼虫都是我们心力的外在体现，如果我们每个人心里都清净了，身边的世界也就清静了。

我们为什么不愿意生活在一个清静、美好的世界里呢？

人类原本就是大自然的一部分，只是随着工业文明的迅猛发展，我们渐渐迷失了，忘记了自己曾经的家园。我们看不见山林，看不见河流，我们将身心禁锢在钢筋水泥铸成的城市监牢里，过着富裕的囚徒生活。

贪婪和愚昧驱使我们只懂得向大自然索取，而不懂得保护和回报。

佛陀在经典中说，譬如有人，以瓢舀取大海水，海水终有舀尽的时候。海水尚且如此，而按照我们现在这样肆意索取的进程，用不了几十年，自然资源就会用尽。能源枯竭，灾难频发，疾病蔓延，这是可预见的悲惨结局。

人类只有亲近大自然、保护大自然，才能恢复清澈澄明的本性，才能重建人格尊严，这很可能是我们免于劫难的唯一方法。

我个人因为特殊机缘，这些年有幸能断断续续地在终南山里居住，用身体亲近大自然，用心灵感受大自然，获益良多，并陆续记录下一些文字，结集取名为《岭上多白云》，希望"过清贫日子，重建人格尊严"这样的话题，能引起大家的广泛关注。真能如此，则如济所愿也。

山中草庐

终南山有很多隐修者的茅棚,有很多简陋的茅草亭,其中一个草木搭建的亭子,名叫南山亭。南山如济的南山亭更像是一座云中草堂,它位于终南山的一处幽静的山谷,是喝茶的好去处。

对于终南山白云深处的隐士们来说,有座可以栖身的茅棚,有个可以饮茶的茅草亭,是他们清修生活中的一大乐趣。一个住山的人,有时候只需要一个水壶、一顶斗笠、一片树叶、一些简单的食物。上古的隐士们据说只需要一把野菜、一张琴,过一种闲云野鹤的生活。

在千竹庵,有时候我们需要的是一壶暖茶,唤醒那颗炎凉世态中颠簸太久的心。木头燃烧起来的时候,木质的香气会溢满你的衣袍,风吹过来,你会觉得那是陈年的酒香、稻花的清香,可以入梦、可以洗涤内心的尘垢。也许我们无法像上古的隐士那样,站在一棵树下,等待一年,为的只是那颗松子自己掉下来。但只要借来山中一壶茶的温暖,我们就可以读懂隐士们的那颗心。当煮茶的木柴散发出迷人的泥土气息、积雪的清冽味道,茶碗里飘荡着的是桃花和春风,还有整座山的绿色和苍翠。一碗茶下肚,你的所有烦忧都会化作一缕炊烟消散。南山如济的箫声会在水声欢腾、火苗跳动的瞬间,在清风拂来的星光下响起,你可以嗅到松子、森林的新鲜气息,在乐音中回到对上古时代隐士们的沉思中。

草庐这种建筑形式在古老的东方世界,由最出色的隐士们、诗人、僧人乃至传说中的修仙者创造。在千竹庵,在草庐迎风展卷,墨香、茶

香四溢的黄昏，人被青草和风的波浪包围，衣袍就像仙人们飞升之时那样摆动，这样的美就像水墨画的写意，轻松而自得。为自己建造一座草庐，在深山中，有山、有水，这就够了。青灯黄卷一页页翻过，不如对话春野，心无所住、无所滞，戴着草帽云游青山、泉石之下，茶汤暖人，夫复何求？

在南山亭喝茶，是幸福的。

一座草庐就是一个桃花源，在这里，许多人轻易地忘记了世间，每天听着鸟鸣和流水的声音过日子。

更多的时候，为了喝到南山如济的一壶茶，我们需要有耐心等待洁净的水、茶器以及散发木材芳香的火慢慢地生起，就像我们坐在山谷看月亮、白云，看莲从水里悄悄地开出花来，明净的光和茶碗里的茶汤是那样的温暖。如果没有足够的耐心，我们看到的也只能是一壶茶、一座山，而看不到茶中的春花秋月、水中的潮起潮落，看不到人生的焦灼与落寞，无法了悟茶水中的百千味道。茶，是将古老世界的水源与现世的性情陶冶一炉，其中滋味皆由住山的品茶者自己拿捏。那些曾经敲打高山的冰雪、投壶煮茶、谈笑自若的羽仙、茶仙、棋仙们似乎已经飞走了，我们要想喝到仙人的茶，念头就不能太粗，心不能太窄狭，不能太聪明。

在山中，千竹庵草庐是会呼吸的，有生命的，草木建筑的生命哲学和时间观与我们所遵循的混凝土、合金、玻璃不同。在这里，你会感觉到时间原来是有味道的，时间和炊烟原来都是吹过草庐的一阵风，留下米粥的香味、野菜的清香。你攀爬到亭子上面修葺茅草棚的时候，往往会被这种木头、雨水的气息陶醉，忘掉手中的活计。

在千竹庵喝茶，坐在院子里，我们就是一朵云，漂泊了千山万水，在山谷里找到了自己的家。身在云中、心在方外，而时光则是藏在刚刚洗净的茶壶中，日月的洁净光芒落在茶水里，草庐的春秋就是这样来临。

南山亭

南山亭是如济居前的一座茅草亭，南对紫阁峰，东望丫髻山，西看圭峰山，北通紫阁峪。翼然伫立于山顶上，视野很开阔。

为了搭建南山亭，如济让人拆掉坡下坍塌已久的旧瓦房三间，将椽木运至山顶。腐朽者斧之，虫蠹者锯之，榫之、卯之，规之、矩之、绳之、准之，下铺旧木板，上覆干茅草，不求雅观，但能遮风挡雨足矣。虽无亭之华丽，而有亭之实用。

亭成，先生独坐亭中，把盏临风，悠然四顾，志得意满，欣然曰："此真吾亭也，从此可以置茶器，携佳友，逍遥徜徉乎其中矣。"

山民笑道："人家的亭子都是雕梁画栋，金碧辉煌，你的亭子只是老木数根，藤条几茎，覆以茅草，挂以苇帘，这个也能算做亭子？"

先生笑曰："正是此亭，正是此意。"因以南山亭名之。

如济赘语：

西方哲人圣弗朗西斯（St. Francis）曾经说过：人类居住的建筑，其材料应该以泥土和木料为主，这样的居所最有益人类身心健康。

如今，这样的"土"建筑已经很难见到了，到处都是高楼大厦，人类被囚禁在钢筋水泥铸造的都市丛林里，很难体会到大自然的清凉和芬芳。

终南山里目前还遗留着一些这类"土"建筑，我们都将之保护起来，加以修缮，成为简陋的"茅棚"。修建其他一些附属建筑，譬如厨房、柴房、茅亭、草棚、茅厕等，也尽量不使用钢筋水泥和化工原料，保持山居本色。

我们为什么迷失？我们为什么堕落？是因为我们太注重物质享受，远离了我们曾经的家园。我们已经习惯了方便优越的都市生活，再也不能过清贫烦琐的山居生活了。

贪欲是人类与生俱来的特性之一，贪图享乐和懈怠更是现代人的通病。我们的身心都已经堕落了，我们感受不到季节的变化，我们听不到大自然的声音和警示。我们对山河大地、日月星辰视若无睹，我们任由身体浸泡在酒精、油腻中，对大自然失去了觉知。

我们失去家园的同时，失去了赤子之心，也失去了简单的快乐。

快乐不是过量拥有，也不是财富堆积。快乐是从简单生活中领悟到的人生智慧。

拥有这样智慧的人，即使生活清贫，内心依然充实快乐。在生活中迷失的人，即使拥有无量财富和权势，内心依然空虚痛苦。

孔夫子称赞颜回说：颜回真是难得的贤才哪！一竹器饭团，一瓢清水，在穷陋小室中，别人不堪其忧，颜回仍能不改其乐。

安贫乐道，知足不辱，这是中华文明的大智慧，值得我们关注和继承。

现在许多人都在谈论隐逸文化，"山居""隐居""遁世"等名词经常见诸报章和网络。这大概也是中华文明重新归复的一种气象吧。

山居的基本要求是能过清贫生活，远离现代文明和物质享受，回归大自然，使自我人格和精神得到升华。

清，就是不媚俗，不向世俗社会妥协，保持清雅高洁的生活情怀。

贫，就是不贪，不贪图物质享受，不贪图名利，不贪图权势，不贪念这世间的一切。

清贫生活本质是远离世俗社会，使道德得以完善，使人格得到升华，在清贫生活中重新找回人格尊严。

"相逢尽道休官好，林下何曾见一人"，这是古人所写的一联诗，是说真正隐居生活的难能可贵。

山居生活是清贫的，住房、衣着、饮食、用器等莫不如是。这就意味着我们必须抛弃一些看似必需的日常用品，如计算机、电视机、煤气灶、自来水乃至浴池、马桶、床铺、衣柜等，重新回归简单、清贫的生活。这些，往往是现代都市人所无法做到的。

山民们也不能理解这些，所以会常常取笑我们。他们如今都搬到了山下，住上了楼房，用上了自来水、蜂窝煤、煤气灶甚至电磁炉。看着我们还在坚守清贫，自然要取笑一番了。

茅棚

"茅棚"一直是个很吸引人的词，特别是对于那些读过高鹤年《名山游访记》、比尔·波特（Bill Porter）《空谷幽兰》的年轻修道者们而言。

茅棚当然是很简陋的处所，或依山崖，或傍水泉，或临丛树，或坐高坡。能遮风挡雨即可，不必过求奢华。

茅棚可以自己动手搭建，也可以利用山民遗留的房屋改建。说到底，茅棚就是住山行人参禅、念佛、饮茶、读书、修行的场所。

在全国的茅棚里，终南山茅棚大概是最出名的，《名山游访记》及《空谷幽兰》里都有提及。

终南茅棚之所以有名，除了因为有这些传记文字外，还和其固有的自然特征有关。终南山山势巍峨，溪谷幽深，林木苍翠，气候凉爽，很适宜遁世者及出家僧道隐居。而一年四季变化的风景及众多山花、野果、药草等，也为终南茅棚平添了无限风光，为住山行人提供了得天独厚的修道条件。

而更重要的，乃是自古及今，当地老百姓以及政府官员对终南茅棚的认可。

在终南山，茅棚和住在茅棚里的修行人众，一直受到当地官员和老百姓的欢迎与支持。这样深厚的信众基础和福德因缘，在其他地方是很难遇到的。

这，大概才是终南茅棚经久弥新的魅力所在吧。

如济赘语：

茅棚只是个简陋的处所，可以遮风雨，可以休止，也可以看山。茅棚都在山里，如果不在山里，就不能称做茅棚。

茅棚是修道者及隐居者居住的处所。如果居住的是山民、艺术家、悬壶鬻艺者或者流浪汉，也不可以称做茅棚。

在茅棚里，可以看山、看水，也可以看人。看山、看水多了，人心自然清净；看人多了，难免会起波澜。

住在茅棚里，可以读书、诵经、参禅打坐、念佛经行，也可以煎水煮茶，还可以焚香抚琴。茅棚是个自在的所在。

如今山里的野猪、野羊、野鸡很多，登山的"驴子"也很多，我们都将之拒于茅棚之外。但当"驴子"们越来越多的时候，我们可能就抵挡不住了。此外，还有山民，还有游客，还有许许多多因好奇而硬闯茅棚的人们。

行者们入山是为了寻找清静，如果连山里也不清静了，行者们也就离开了，终南茅棚也就不存在了。

没有行者居止的茅屋不能称做茅棚。

或者茅棚只是一个象征和精神寄托吧，是人类疲惫身心的最终归依处。

每当来到一个峪口，我总是仔细打量着周围的山崖溪涧，看看有没有一所茅棚。每当看到坐落于群山里的茅棚，哪怕再简陋，心里也不禁会泛起一丝暖意：我们的家园仍在，我们的最终归依处仍在。

这些年，终南山里的茅棚渐渐增多了，但住山行人的身影却减少了。随着旅游经济和终南文化的逐步开发，终南茅棚还能继续存在下去吗？

望着山间林下这些寂静的茅草屋，我常默默地问自己。

住山

如今年轻的修行者们都向往着住山。在他们的印象里，住山是件很风雅、很有禅意的事情，仿佛古代的高僧大德，衣袖飘飘然而来，

衣袖飘飘然而去，手不把锄头，口不食烟火，终日徜徉在青山绿水和宁静禅意中，惬意自在。

于是，住山便成了许多年轻僧众睡梦里的畅想。

可事实并非如此。住山不但要有足够的"资粮"，更要有很好的"福德因缘"，否则是住不下去的。

中国古代禅宗最注重劳作，农禅并重，为后世树立了良好典范。有人问仰山慧寂禅师平日生活，禅师回答说："滔滔不持戒，兀兀不坐禅。酽茶三两碗，意在镢头边。"

百丈怀海禅师更有"一日不作，一日不食"的佳话流播丛林。

夹山善会禅师经船子德诚禅师一番锻炼后，终于大彻大悟，临行时船子和尚叮嘱说："汝今既得，他后莫住城隍聚落，但向深山里、镢头边，觅取一个半个接续，勿令断绝。"

元代石屋清珙禅师有诗偈道："古人为道入山中，日用工夫在己躬。添石坠腰舂白米，携锄带雨种青松。担泥拽石何妨道，运水搬柴好用功。体懒惜衣求食者，莫来相伴老禅翁。""添石坠腰舂白米"一句用了六祖慧能在五祖会下碓坊舂米的典故；"携锄带雨种青松"用的是临济义玄禅师在黄檗山栽种松树的公案。可见自古及今，修禅必定是和农耕结合在一起的，农禅并重，不可偏废。禅机不在别处，就是在日用功夫中。

如今的年轻人不要说劳作，连庄稼是什么样，锄头、锨把如何把捉也分不清，更不要说出坡劳动了。

这样的年轻行者，我遇到过很多，兴冲冲地上来，很沮丧地离去，有的甚至发誓说，再也不来终南山住山了。

山依然是山，亘古未曾改变。而住山的人已渐渐看不见踪影。

如济赘语：

我们来到这个世界上，一定要守本分，一定要勤劳，这是隐居者和修道者应有的人生态度，也是过清贫生活的基础。

清贫生活的实质是快乐和富足。快乐、富足不是指物质拥有，而是指我们的内心。

只有内心富足、快乐，才能守本分，才能知足常乐。

儒家经典中说"素富贵行乎富贵，素贫贱行乎贫贱，素夷狄行乎夷狄"。"夷狄"在这里指未开化人群。依照佛家教理，我们此生富贵贫贱，都是上世修造业缘所得果报，自作自受，没有什么可抱怨的，这就叫守本分。人人都守本分，不贪、不嗔、不痴，这个世界也就太平了。

人应该勤劳，不可贪图他人劳动成果。懒惰的人总希望坐享其成，以最少的劳动换取最大收获，这本身就是不道德的。一分耕耘就有一分收获，大自然虽然慷慨，但不姑息懒汉。懒惰的人注定一事无成。

勤劳不仅指劳作，也指学习和思考。中国古代圣人孔子说，学习并且遵照着去做，难道不是一件快乐的事情吗？他的弟子曾参也说：我每天都会再三审视自己，用以修正自己的言行。

思考不是要我们考虑什么世界经济军事大事，或者柴米油盐等生活琐事，而是要我们时刻关照自己的内心是否清净，起心动念是否还有贪嗔痴三毒烦恼等。这叫做正思维，也叫做正知正见。

无论世出世间，正知正见最为重要。

沩山禅师对仰山禅师说："只贵子眼正，不说子行履。"只要知见端正，就不担心误入歧途，这是立身的根本，修道的根本，不可不知。

学习、思考、劳作如此，修道更是如此。唐代神秀禅师那首偈子对我们现代人或许更加有用:"身是菩提树,心如明镜台。时时勤拂拭,莫使惹尘埃。"修道是一个艰苦而漫长的过程,修道者除了要发心纯正、正知正见外,在修持上更要勇猛精进,这样才能有所成就。唐代长庆慧棱禅师坐破七个蒲团,赵州和尚八十岁还行脚参访,都是很好的示范。

一位老修行告诉我,看一看住山人的茅棚,看一看他们的脸色,就知道他们的修行功夫如何了。

真正的修行人,茅棚一定打扫得很干净,劈柴、蒿草都堆架成垛,身上的衣服虽然破旧,却清洗得一尘不染。他们除了时时拂拭心上的尘埃,也洗净衣上的污垢。

晴天砍柴,雨天诵经。

白天劳作,夜晚打坐。

无论动与静,他们的心始终在功夫中,绵绵密密,未有丝毫懈怠。他们身体健康,腿脚轻盈,脸色红润而有光泽,充满安详和喜悦。他们深深地懂得农禅并重的道理。

住山就是要抛弃我们固有的思维习惯和生活模式,过清贫快乐的山居生活。不依赖他人,不依附社会,将自己融入到大自然中去,单纯而诚恳。用汗水浇灌脚下土地,用智慧长养心中菩提,时时警示,刻刻自省,这样才能真正在山里住下来。

住山还要与山相适应,以山为邻,以山为友,以山为依止。将自我身心和山林融为一体,这样才称做住山。

苏轼有《题西林壁》诗:"横看成岭侧成峰,远近高低各不同。不识庐山真面目,只缘身在此山中。"

真正住山的人,不但入得了山,也出得了山,这样才能真正得山居之乐。

入山要眼前无山，出山要心中有山。眼前境界是山，自我身心也是山。时时刻刻，我们都安住在山林里，简穆宁静，如如不动。这样才称做住山。

试问山上的白云和溪中的清泉，你们还记得那些衣袂飘飘的住山人吗？

闭关

现在的年轻人在寺庙、道观里住久了，积攒了一些单资，便想着住山。买下一个茅棚后，就对人家说，他（她）要闭关了。

且不要说"不破本参不住山""不破重关不闭关"这些古训，单说担水劈柴这一"关"，他们就很难过得去。

如今的寺观几乎都分布在大城镇里，不出坡，不舂米，不担水，不劈柴，有些甚至不上殿。在寺观里住，衣食住行样样不用担心，久了，难免养成一些懒散的习气。许多初到山里的年轻修行者，不要说担水劈柴，连生火煨炕都不会，更不要提背粮、做饭、洗衣、种地、修补茅棚了。

这大概就是古德说的"末法时期众生根基浅陋、福德因缘不足"的表象吧。丰衣足食对于修道来说并非好事，清贫的日子才能养道。养其道心，养其道志，养其道行。

于是，住山、闭关只能是一句空谈，一种执著和妄想而已。

如济赘语：

喜欢山居，大概是缘于固执的个性和宿世的人文情怀吧。

"少无适俗韵,性本爱丘山。误落尘网中,一去三十年。"这是陶渊明的诗句;"中岁颇好道,晚家南山陲。兴来每独往,胜事空自知。"这是王摩诘的诗句。都是我经常吟诵的一些古人的诗词歌赋。

古人的生活离不开山水,无论是诗词、文章,还是书法、绘画。柳子厚的文章是在贬谪永州后才厚重而有韵味的;范宽、董源的山水画是摄取了自然山川丰厚的营养而温润成峰的;王羲之的《兰亭序》更是得自大自然的特意恩赐,是会稽山水的灵魂写照。

我们现代人很可怜,蛰居在高楼林立的都市里,生活虽然便利,身心却得不到自由,所以西方有人将当今的城市文明称之为"现代化的文明囚室",可谓贴切之极。韩国已故法顶禅师曾经说:"大自然是现代文明唯一的解毒剂",这并非没有道理。

有了这样的人文情怀,有了这样对大自然的眷恋,才有足够的资粮住山,才有条件说闭关。

闭关一定要有条件,譬如要有场所、饮食等,这些是物质条件。还要有护关善知识,另外,如果没有十数年的佛法修持,或者对佛法还没有领悟通彻,也都不适合闭关。闭关的目的是使自己精进,在信、解、行、证这四个方面都能有所提高。另外,古人闭关,也有藉此表示闭关者已经顿悟佛法、出关可以教化群生的用意。

那一年,我决定利用十一长假在山上闭三天方便关。我把前后门都用篱笆挡住了,衣物、柴火、饮食等都事先准备好。除了三餐和大小便利,其余时候只是经行和念佛。因为我喜欢饮茶,所以在上午、午后和晚间,特意加有煎水饮茶项目,日子过得很惬意,这正是方便关的好处。

因为是假期,过往游客很多,有人甚至不顾篱笆阻隔,径直就闯进来了。我唯有装聋作哑,尽量不受到打搅。记得有位游客连喊几声都没得到我的回应,于是朝同伴说:"看来这人真的是个哑巴!"

其实人生处处都在关中,城市是关,山林也是关,乃至于居舍、茅棚无不是关,只是看我们自己能否在心地上用功,是否出得了这道关而已。

既然山河大地、日月星辰即是关房,那么,试问谁出得了这个大关房呢?

如今终南山仍然有很多住山人,他们严守戒律和道业,过着清贫而快乐的修行生活。前年明诠法师在终南山结夏,条件虽然艰苦,但法师住得很自在,还说:"终南山能养道。"

去年,明云比丘尼在这里住,那天我和夫人一起过去看她,她穿着件"百衲衣",正在院子里劈柴呢,因为干活,手指粗黑。她这个月中就要进入关房,止语三年。冬天的柴火、粮食、蔬菜都得提前备好,下雪后就不能出山了。这需要很大的愿力和福德因缘才能做到。

现在,在终南山,像明云比丘尼这样的住山僧众还有很多,他们所需甚少,时时以佛法修持为要务,搬柴运水,平实勤劳,不随附,不攀缘,不显山露水。我们只有随喜赞叹,并切实做好护持工作。

所以,住山就是住山,没有名利之心,没有是非之念,时时以念佛参禅、消除业障为要务,不怀疑,不懈怠,常行精进,这样才有资格说住山乃至闭关。

就我自己而言,这些年下来,总为外缘所扰,心里依然不得清净,说起来真的惭愧无比呵。原本是没有资格说"修行""住山""闭关"这些话题的,因为要解答同修的疑问,才借此机会勉强说说,也希望得到善知识的指正。

清净

南山亭挂帘上有四个字：清净无染。妙在这四个字白天是看不见的，但当晚上亭子顶上的灯光打开时，白底黑字，立刻映入眼帘。

有一天吃过晚饭，我约住山的明善师来南山亭饮茶。蒲团趺坐，茶盏默对，晚风吹过山亭，吹过苇帘，吹过亭角风铃，衣襟怀袖间满是氤氲茶香和山林溪涧的清新气息。

山里很静，很清静。只听见风吹的声音，鸟鸣的声音，水流的声音以及白云飘动的声音。

"清净并不在于外缘，而在我们内心。心里清净了，外面的境缘自然也就清净了。"

明善师看着挂帘上"清净无染"四个字，淡淡说道。

如果心地不清净，即使住在深山里，也一样不会感觉清净的。

这是我从明善师的话语里，悟出的另一番道理。

如济赘语：

清净无染的生活是我一直梦寐以求的，这大概也缘于宿世因缘吧。

白云是清净的，飘荡在孤峰山岫间，来去无迹。

溪流是清净的，流淌在幽谷深涧里，昼夜不停。

茅棚是清净的，坐落在山林岩石下，静穆安详。

莲花是清净的，出落于池塘泥污中，亭亭玉立。

山河大地是清净的，承载着芸芸众生，长养生息。

清，即是不沾染、不执著。

净，即是能出离、不染污。

世尊在《地藏经》中说："南阎浮提众生，起心动念，无不是业，无不是罪。"我们听了不要心里不舒服，佛说的是真实语。看看我们身边的环境吧，道路、交通、饮食、住宅、工作、人事以及人文教育等，问题越来越多，越来越严重。佛教里讲"三界唯心，万法唯识"，所有的业缘和障碍都是我们起心动念的结果……

但我们却沉溺其中，以苦为乐，造无间业，这就是沾染。

不沾染，心里就要清净，只有心里清净了，才能如同莲花一样，出淤泥而不染。甚至如同火莲花一样，出五欲六尘烈焰而不染，这样才称做不染。这就是净——清而后能净。

不沾染，一定要破执著。破执著，就要放下。放下一切妄想、执著，放下心里面最最不能放下的东西。

放下很难。且不要说放下生死、放下身心，就是要我们放下所拥有的物质、名利都很难。所以苏东坡说："长恨此身非我有，何时忘却营营？"但他酒醒后照样走马上任去了。

如果能减少自己目前所拥有的，适当降低生活成本，过清贫生活，或者可以逐渐达到放下外缘乃至身心世界的境地。

减少我们目前所拥有的，不是要我们将物品清理出门，而是从此不再添置不需要的物品。

有一件就足够了，多一件就是浪费。

清贫的生活源于富足，不仅是物质上的富足，更是精神上的富足。从富足的生活中解脱出来，是人生应该追求的智慧和境界。

物质上的富足不是说我们拥有多少住房、多少财产，而是说足够基本生活所需。

过清贫生活，首先要有清贫之心。清贫之心即是无欲、无求、无执著、无挂碍的清净平等之心。

山河大地是富足的，养育着芸芸万物。它们虽然养育了芸芸万物，却不曾拥有，也不曾抛弃，这就是天地之德。

我们应该效法天地之德，过清贫生活，将自己的心量扩大。

老子《道德经》里说："有容乃大"。佛经中也说："心包太虚，量周沙界"。只有心量扩大了，才能包容万物，化导群生，智慧发露，功德圆满，这是真正的富足。真正的富足不只是拥有财富，更是要开放心地。

心地贪鄙的人永远是贫穷的。纵然他拥有千栋房子、万贯家私，依然贫穷如乞儿。他只是负责临时看守这些财富而已。

要开放心地，就要懂得布施。使自己从物质牢狱解脱的同时，精神也得到解脱。心地坦然，长养道德资粮。

其实说到过清贫日子，我个人是很惭愧的，因为我拥有的物质太过丰富。似乎每一件东西都倾注着自己的情感和精力，所以舍不得放下，这是心地还没有真正开放的表象。

清贫生活所需甚少，有屋避风雨，有碗吃饭，有杯饮水即可，其他都是奢侈品。

日本卖茶翁临终将自己使用过的器具分送给寺庙和随行弟子，大概也是此意吧。

过清贫生活，应该从减少拥有开始。

所以说到清净，除了要有清净的心地——也就是大家经常说的

"一心清净"外,更重要的是要在事项上躬行。否则只是口头上的事情,与真正的修行、了生死毫不相干。古德所说的"历事练心、知行合一",绝非虚语。

要达到"一心清净"的境地,就应该切实从心地、行证上下功夫,哪怕起点很低,也不要紧,因为功夫就是这样从低到高、日积月累而成的,不可能一蹴而就,更不可能凭空而起,是实实在在的事情。

现在这个时代,大家所谈论的都很高阔,而于实际行持往往懈怠。人人都在谈禅论道,说得头头是道,谈得句句是禅,但其所思所想所行所示现的,无非名闻利养,谈禅论道只是装点门面而已。

归根结底,结合我们目前的生存环境,或者可以从开篇所提倡的"过清贫生活,重建人格尊严"入手,渐渐到达清净无染的智慧境界。

终南茅棚

终南何有?有纪有堂。君子至止,缁衣素裳。

这原是《诗经·秦风·终南》里的诗句,是说终南山风光的,我稍稍改动了其中几个字,作为自己隐居终南山的真实写照。

我住的是山民遗留下来的房子,蓬窗木柱,片瓦坯墙,简朴宽敞,冬暖夏凉,虽然简陋,却很实用。稍稍修葺后,就可以入住了。这就是一直说的"终南茅棚"了。

茅棚只是一个处所,一个可以息心、断缘、修持佛法的处所。

对如济而言,茅棚是一个可以饮茶、弹琴、读书、参禅、念佛的地方。

若遇良辰吉日，携好友二三，布茶器，瀹茶汤，蒲团趺坐，茶亭远眺。茶罢，敛容整衣，西向而坐，一心称颂"南无阿弥陀佛"圣号，则诚所愿也。

如济赘语：

关于茅棚，大家谈论了很多，似乎也已成为目前文化界乃至佛教界的一个热点。在我个人看来，这种现象其实很令人担忧。

茅棚原本是清静的，和山林间一直静静流淌着的溪流一样，时光一天天过去，溪流就这样流淌了近三千年。或许中间有些时候断流了，但用不了多久，溪水又会重新满盈，温润着这片山林和隐居者的心。

我有时候会坐在南山亭里，眺望着远处的紫阁峰，心里想：和这亘古的山峰相比较，人类的生命是多么的短暂和脆弱啊，但最终毁掉山林的，正是人类！

茅棚也是这样，无论是探访、旅游还是所谓的文化研究，茅棚都是不需要的。茅棚就是茅棚，仅此而已。

"这些很可能是终南山最后一批茅棚了，以后也不会有了，我们应该好好予以保护。"

这是我经常向朋友说的一句话，也把保护茅棚当成了自己的一项使命。然而，随着现代文明的迅猛泛滥以及城镇化建设的恶性扩张，传统的山林隐居生活将不复存在，这些由夯土、片瓦、茅草建筑而成的茅棚也将不复存在。

其实钱财乃是身外之物，不必为了身外之物而斤斤计较。我们此生拥有多少财富，都是一定的，是过去生布施的结果。甚至今生吃多少粮食、饮多少茶水，也是一定的，也是过去生布施修行的结果。

惜福、积福是我一贯的生活理念，并反复将这样的理念讲给家人和身边的朋友听。真正听进去了、领会了，就不会眼睛始终盯在钱财上面，生活就会变得轻松和快乐。每个人一生的财富都是一定的，从个人、家庭，扩大到一个民族、国家，其财富也都是一定的。儒家所谓"素位而行"就是这个道理。

六七年前刚刚开始修建终南茅棚的时候，上山的人很少，冬天几乎看不见人迹。现在不一样了，山林和城市一样，也变得拥堵不堪，似乎一夜之间，很多人都来终南山寻找茅棚，似乎只有茅棚才是修行办道的唯一道场。

真正发心办道，随处都是道场。

世尊在《维摩诘经》中说："直心是道场"。所谓直心，即是清净心，唯有于一切世出世间法，内心无所执著，才能得清净。这样住山、住茅棚，就无挂碍了。

这些年，来终南山住茅棚的人很多，来了又走了，走了又来了，操着不同的方言，怀揣不同的梦想，崎岖山道上，也曾留下他们匆匆的身影。

山还是山，茅棚还是茅棚，未曾有多少改变。白云飘过山峰，哪里是你们栖止的地方？

唐朝大梅法常禅师，在马祖道一禅师座下悟道后，只身来到四明（今浙江宁波市西南）仙尉梅子真昔日的隐居地，结茅隐修，以大梅为号。后来有僧人寻至，大梅作诗偈两首答曰：

"摧残枯木倚寒林，几度逢春不变心。樵客遇之犹不顾，郢人那得苦追寻。"

"一池荷叶衣无尽,数树松花食有余。刚被世人知住处,又移茅舍入深居。"

虽然一直有"天下修道,终南为冠"的说法,虽然终南茅棚文化已经深植人心,但如果有一天茅棚真的和旅游、文化开发结合起来,可能终南山真正意义上的茅棚也就不复存在了。那些在此住了多年的行人,或将"又移茅舍入深居",或将另觅他处把茅盖,结庐隐居,这正是我所深深忧虑的。

但愿这一天晚一些到来。

广福茅棚

茅棚也写作"茅蓬""茅舍""茅屋""茅庵""茅庐"等等,是一些很简陋的山林建筑,是住山行人修行办道的处所。

终南山自古就是修道人最为向往的"道场"之一,"终南茅棚"在古今行人心目中有着十分崇高的地位。时至今日,仍能随处看见一些古代遗留下来的巨石和山洞,掩映在山林草木间,让人遐思。至于那些古代著名大德住过的"茅棚",由于年代久远,已经看不见踪迹了。

我们住的茅棚因位于唐代"广福禅院"遗址上,所以就称做"广福茅棚"。遗址旁有一方巨石,石上有"广福禅院"四字石刻,据说是唐代的遗存,字迹古拙,依然有着千古动人的神韵。

广福茅棚以禅修、念佛、劳作、饮茶为主,虽然简陋,但对于那些真正发心"即生办道"的真实佛子而言,或者是一处理想的场所。

如济赘语:

这个世界上的一切事情,都本于因缘。缘聚即生,缘散即灭,众缘和合,才成就了我们这个婆娑世界。离开因缘,世界本来不生,当体清净。

我们能在广福茅棚安住,也是一种因缘。倘若在二十年前,这样的因缘是不具备的。那时候终南山所有的沟沟岭岭都归集体和生产队所有,后来承包到户,成了当地山民的"私有"山产。因为砍伐严重,大约在二〇〇〇年前后,国家实行"退耕还林"政策,帮助山民搬到山外居住,使山林得以休养生息,山里的旧房屋就空了下来,一些隐居者和修道人或租、或买,终南茅棚就这样形成了。仔细算一算,也就近十几年的事情。如果没有国家的"退耕还林"政策,终南茅棚可能很难形成。所以世尊教我们报国土恩,是很有道理的。

说起来惭愧,当初修建广福茅棚的初衷只是为了山居,希望能在纷扰的尘世外,找到一个清静的处所,使身心有所依止。至于禅修、念佛、劳作、饮茶等等,都是后来随缘而成的。而将修葺后的茅棚供养出家僧众,也是自然而然的事情。仔细想想,这大概也是一种因缘吧。

自"退耕还林"以后,山里植被越来越茂密。山里的动物,譬如山鸡、野羊、獾、野猪等,也成群结队地出现了。还有熊,在秋冬之际木叶凋落后,偶尔也能看到。大自然就这样奇妙,自我修复能力很强，如果不再有人为的大肆破坏，估计用不了十多年，终南山会变得更加清幽。虽然还不能和汉唐时期相比，但总算有一些复兴的气息了。

终南茅棚也是如此。虽然尚不能和唐或者民国初年的茅棚相比较，但总算有了一些复兴的气象。不但住山的人多了，护持道场的善心居士也很多。这里的山峦沟壑、雨雾霜云，莫不是护法善缘。终南茅棚的殊胜和不可思议，大概也在于此吧。

广福茅棚所在之处原本是当地生产队的一个小组，散散落落地住了十几户人家，这十几户人家几乎都是过去逃荒来的。也有一些是因为其他缘故来的。当地人很少住在山里，毕竟山里生活很不方便。所以我经常对前来住茅棚的人说："千万不可小看这些山民，他们可都是有'来历'的。"和山民们打了近十年交道，我处处礼让，时时自省，以糊涂为念，以吃亏为福，结善缘，种佛种，虽然不能和他们全打成一片，却也算得上"半个山民"，和周围的人大都熟悉了。

为了能够安住，我们制订有"山规"若干条，其中很重要的一条是：不和山民争利。

广福茅棚是在广福禅院旧址上修葺的，据说地下还埋有一些五脊六兽什么的，新中国成立后仍有一些祖师塔。后来山民们将残存的石柱、石墩都加工成了石磨盘和石碾子，用来碾场磨面，这些祖师塔林也就不存在了。毕竟在过去那个特殊年代里，穿衣吃饭才是最主要的。

广福茅棚所在之处地势开阔，阳光充足，很适宜修行办道。十年前我第一次来到这里，就感觉很亲切、很欢喜。当天晚上在山上住的时候，我梦到一条大蛇盘曲在屋梁顶，醒来后山月正照着床铺呢。后来听山民讲，广福禅院过去也称云盘寺，和龙有关。解放初期，山民曾在沟里看见过一条碗口粗的大白蛇，后来就不见踪影了。看来感应真的不可思议。曾有诗偈曰："南山寺里老头陀，运水搬柴乐复歌。茶罢经行山顶上，群峰齐唱萨婆诃。"

一切皆有因缘，广福茅棚也是如此。

惭愧

我个人在终南山的住处称做"如济居"，距离广福茅棚约一里多地。我在"如济居"主要以饮茶、读书、念佛为主，闲暇时则下田种地、劳作，虽然也读诵佛经，但远远不能算做"修持"。而且我的居住条件也比较好，天天有好茶吃，有好水喝，有好山景可以赏心悦目，却不能一心静修，说起来真是惭愧啊。

山居简易，唯以了断凡情为要务。如济不慧，难以死心塌地修行，因而依茅棚而筑雅居，希望能做好护持道场的事情。如果能有两三同修道友一起参究，饮茶说禅，诵经念佛，了断世情，高隐世外，则最为得意。届时如济必然洒扫三径，煎茶以待。彼时蒲团默对，相忘瓯盏，山影入窗，茶息萦鼻。人生得此，不亦乐乎？

如济赘语：

小时候生活很苦，因为家庭条件不好，加之个性倔犟，我吃了不少苦头。但我似乎生来就喜欢读书，喜欢美好的事物，这在那个特殊的社会环境里，是"大逆不道"的行为。所以我从小就养成了孤寂、决断的性格。

因为性格孤寂，所以我喜欢读书。喜欢书里的故事，喜欢书里的人物，喜欢书里的生活，并梦想着自己也能生活在那样美好的世界里。但在那个特定年代，这些梦想无一例外地都被家人、学校和社会"扼杀"了，我们不得不面对严酷的现实生活。

世上的事情就是这样，不如意事常八九。在我的印象里，从来到这个世间那一天开始，就没有什么事情是如意的。那是个荒谬、残忍的时代，对于那些追求人性自由、怀有美好愿望的人们而言，无疑就是真正的地狱。

终于可以公开读书了，终于可以饮茶、吹箫、弹琴、写字、画画了，终于可以拥有自己的时间、爱好以及住房、茅棚了，仔细想一想，这些都不过才三十年的事情，我们突然就拥有这样多，多么不可思议！

也许因为太过饥饿，人们才会吃得多。文化、文明的饥渴尤其能引起人们的空虚。比起当今社会上大量"高血糖""高血压""高血脂"病人，思想文化界的"三高"病人也为数不少，我个人就是其中之一。这几年才渐渐觉察出这样的病症，可惜已经"病入膏肓"了。虽然我也在慢慢放下，却总是心有未甘，毕竟我们缺失的太多了，所学到的都是些皮毛。缺少师长教导，没有范本可摹，完全靠自己摸索和体悟，真的很难很累。真希望有一天能彻底放下，补完人生中缺失的这一堂课。

因为说到广福茅棚，说到如济居，免不得将自己小时候的事情唠叨个没完，真是老年人常犯的毛病啊。实在是因为没有想到自己后半生还可以拥有这样一方"净土"，可以过体面生活。这真是多生累劫修来的福德，我一定要好好珍惜。

夫人经常笑我是个很知足的人，不懂得赚钱和过日子。她其实并不清楚我所遭受的苦难。对于我而言，有衣穿，有饭吃，有书读，有房屋可以住，就已经很满足了。无意中竟然拥有这样多，甚至有了自己的茅棚和山居生活，怎么能不知足呢？

《老子》曰："知足不辱"，俗话说："知足常乐"，"知足"就是能过清贫生活，"不辱"就是要树立人格尊严。乐而能自省、能珍惜、能警觉，能将这样的道理说给更多的人听，大概才是真乐吧。

《论语》一开篇，孔夫子就向弟子们说：将学到的知识时时温习，不是很喜悦吗？有志同道合的朋友从远方来，不也很快乐吗？别人不知道我们，心里却不存些微怫郁不欢之意，这难道不是一位修养有成的君子所为吗？

所以学习、思考，努力提高自己的文化道德素养，是我们此生应该追求的人生目标。生活清贫，内心却充满快乐。这种快乐是真实的，是内心富足的表现。只有内心富足的人，才可以过清贫生活，才会真正感到快乐。

佛陀在经中一再告诫我们："三界通苦，人生无常"，真正的快乐乃是追求智慧，念佛往生。所以，我们能暂且在山林茅棚安住，怎么能不知足、不快乐呢？

担水

山居不易，尤其是没有水的时候。

开始修建广福茅棚的时候，山上还有水有电，山民遗留下来的房屋也基本完好，稍加改建就可以居住了。但住下来不到一年，水就断掉了，后来电也断掉了，外缘艰辛，住山的日子非常不容易。

断水的主要原因是我们当时没有经验，冬天关闭了水龙头，结果冻裂了水管。后来连管子、水龙头也都被人拆卸走了，到了第二年春天，水就彻底断掉了。

也想着去维修，但当时埋管子的路线我们不是很清楚，来回找了几次，也就放弃了。茅棚不远处有一眼山泉，据山民说，一年四季都不会干涸，于是住山的明印师就担水吃。

担水很不容易。我试过几回，扁担压得肩膀疼痛且不说，水桶来回颠簸就很不好受。往往打了满满两桶水，等担到茅棚时只余下小半桶，裤腿也被打湿了，很狼狈。有一天雨后担水，因为山道滑，又是上坡，不小心摔倒了，水桶滚到一边，鞋子在另一边，好在那时候尚且年轻，筋骨结实，咬咬牙，又去重新打水，一步步终于挨到了门口。

自那次后，我就改担水为提水了。

明印师笑道："你这样提水，要提到什么时候？"

我笑道："慢慢提。你一次担两桶，我一次提一桶，多跑一趟而已。"

如济赘语：

说到住山，真正相当不容易。

我们现在这个时代工业文明很发达，无论城镇还是乡村，基本生活居住条件都已经具备了，水、电、煤气、交通设施等一应俱全，粮食、蔬菜、日用品等，都可以在专门的农贸市场和超市购买，生活很便利。

山居就不一样了，水要从溪流里汲取，如果遇到天旱或者山洪暴发，饮水就成了问题。终南山很多茅棚距离水源很远，有些将近十几里地，完全靠人力挑水吃，相当困难。南五台附近的一些茅棚，包括后山的大茅棚，吃水都很艰难，由此可见古今住山行人生活的艰辛和道心的坚定了。

对于现代人来说，没有电可能很难适应，除了照明，手机、电脑都要靠电补充"能量"。另外，使用电器烧水、煮饭也很便利。但就我目前所了解到的情况，终南山很多茅棚至今仍然没有通电，也谈不上使用手机、计算机以及电磁炉等现代化电器设备了。

所以对那些毅然抛弃现代文明，只身来到终南山茅棚参学修道的年轻人，我总是心怀敬意，也感到很惭愧，因为我自己的生活已经离不开电能和电器了。

我自己在终南山的几处茅棚距离水源很近，最远不超过半里地，取水很方便。为了预防干旱季节缺水，我还准备了大水缸，保证水缸里的水每天都是满的、新鲜的。如果遇到缺水，可以保证茅棚一个星期有清洁的饮用水。

我时常在考虑一个问题：现代工业文明是我们必需的选择吗？从全世界目前发展情况来看，似乎确实如此。但地球的能量是有限的，电能的使用也是有限的，真正到了资源枯竭的那一天，我们该怎样生活？

我们已经离不开电能，离不开手机，离不开电视，离不开计算机，离不开铺天盖地的所谓"信息"，离不开现代文明了。我们既是现代文明的获益者，也是受害者。

对于那些真正的修道者而言，现代文明是多余的。

一个人端坐在蒲团上，山风吹来花香，山鸟带来问候，山峰静默相对，山月点亮山窗，行人的心地一片宁静明亮，所有的一切都是多余的，包括这一顶茅屋。

我们已经离开大自然很久了，我们的身心以及神经都变得麻木不仁，感觉不到季节的变化，感觉不到阴晴晦朔，感觉不到大自然壮阔而又细致的美。这难道就是现代文明带给我们的利益吗？

大自然是有生命的，只有贴近大自然，将自我身心融入大自然，才会察觉到天地运行的节奏和韵律。

大自然一直没有抛弃我们，是我们抛弃了大自然。我们总是贪图便利和享受，我们迷失了自心本性，忘记了自己原本也是大自然的一部分。

沿着蜿蜒山道，我们能担起这一挑水吗？水会不时泼溅出来，打湿我们的鞋袜。那就停靠在山道树丛旁休息一会儿吧，水面渐渐平息，倒映在水里的，是我们的本来面目吗？

住山修行，就从担水开始吧。

劈柴

山居煮饭、烧水、煨炕都需要柴火。

终南山里蒿草很多,用来生火、煨炕很好。每年寒露过后,山民就会上山割蒿草,大概半个月,也就是霜降之后,我们将蒿草收集起来,堆垛在柴房里,就足够过一个温暖的冬天了。但用来烧水、煮饭的柴火就要自己去砍、去劈了。

广福茅棚周围槐花树、核桃树很多,每年都有大量枯枝掉落,开始时我们不知道,还去砍柴,后来就捡树枝烧,省去不少事情。核桃树枝富含油脂,火硬、耐烧,烧过后还可以制成木炭,以备煎茶、焚香用。干透的核桃细枝起火很快,只需四五根,就能生旺一炉火。

在住山前,我一直不知道柴火这样好烧,两三根柴火就能做成一顿饭,而且利用余火煮稀饭、煮茶更好。这在山外是没有办法做到的。

如济赘语:

唐代禅宗鼎盛,许多在家居士都有了不起的成就,庞蕴居士就是其中的一位。

据《五灯会元》记载:"襄州居士庞蕴者,衡州衡阳县人也。字道玄。世本儒业,少悟尘劳,志求真谛。唐贞元初,谒石头。"他初次参访石头希迁禅师,就问:"不与万法为侣者是什么人?"希迁禅师并没有回答,而是用手掩住庞蕴的口,庞蕴于是豁然有省。

有一天，希迁禅师问他："你自从参见老僧以来，日用事都做些什么呢？"庞蕴回答说："如果问我日用的事情，实在是没有什么可以说的。"于是呈了一首偈子："日用事无别，唯吾自偶谐。头头非取舍，处处没张乖。朱紫谁为号？丘山绝点埃。神通并妙用，运水及搬柴。"

这首偈颂的最后一联经常被人引用，并被作为修道者的日常生活写照。这没错，因为住山修行就是参禅、念佛、运水、搬柴，除此之外，别无他事。

说到搬柴，可不是一件轻松的事情。山里的柴火都很硬，有些还有刺，不小心就会扎破手指。

柴火捡回来后，要及时劈好，按照大小长短，码放在柴房里。另外，引火的茅草和小柴枝也要准备好，码放在柴火旁边。遇到阴雨天气，如果没有茅草和小柴枝，引火就很困难。

我过去对于树枝是视而不见的，现在走在山道上，经常会捡拾树枝。如果是细的核桃树枝，心里就会想：这些用来引火很好呢。如果是粗些的槐树枝，就会想：这些用来烧水煮粥很好，因为火硬。

从什么时候开始关心起柴火来了？想起来都很好笑啊。

"搬柴并不仅仅是为了自己，而是为了下一位入住的人。"

前几年，来自青原山净居寺的明空法师在如济居暂住，到第二年春天要离开时，他准备了很多柴火。我问他为什么？他对我说了以上的话。

这话其实自古以来就在住山行人中间流传着，只是现在大家忘记了而已。明空法师曾经是已故体光老和尚的侍者，熏染有年，所以才会有这样的道风遗存。

每当我经过一个茅棚,看到码放整齐的劈柴,心里就很欢喜:寄居在这里的主人一定是位了不起的行者,他懂得住山的规矩。

砍柴、劈柴都要用斧子。《孟子·梁惠王》里说:"斧斤以时入山林,林木不可胜用也。"意思是一年中并不是天天都可以进山砍柴,要有一定的季节限制。这充分体现出古人的仁德和智慧。不像今天的人们,只懂得破坏和向大自然索取,而忘记了保护和回报。

一般来说,初冬是砍柴的好季节。这时候树木已经停止生长,进入休眠期,适当砍伐和修剪有利于其来春萌芽生长。山民过去有"雨天打鞋,晴天砍柴"的说法,但这样砍伐的结果是自然林的大量毁坏,最后成为一片秃山。至于劈柴,随时皆可,没有特殊限制。

无论砍柴、劈柴,斧子都要磨利。古语说:"工欲善其事,必先利其器"。磨斧不但是体力活,也是巧活。不能像山民那样蹲在地上磨,而要将磨刀石放在石台上,旁边准备一碗清水,端来小凳坐下,用清水将磨刀石打湿了,然后开始磨斧子。看着磨得光亮的斧刃,心里难免有一种愉悦快利之感,迫不及待地想找一橛柴试试手劲呢。

说到这一橛柴,忽然想到南岳石头希迁禅师的另一桩公案:

希迁禅师问新到僧人:"从哪里来?"答:"从江西来。"禅师问:"见到马祖大师了吗?"答:"见到了。"希迁禅师就指着一捆木柴问:"马师可像这个?"僧人无法回答。僧人返回江西后将这段对话告诉了马祖道一禅师。马祖问:"你看到那捆木柴有多大?"答:"无量大。"马祖说:"看来你很有些力气。"僧人问:"为什么?"马祖说:"你从南岳希迁禅师那里背回来了一捆木柴,难道不是有力气?"

我自己曾经有一首诗偈曰：

　　　　汲引秋风坐小斋，泥炉砂铫旧情怀。

　　　　煎成鱼目连珠沸，泼就莲心次第开。

　　　　三瓯阅尽闲滋味，辜负石头一橛柴。

住山修行，就从这一橛柴开始吧。

烧火

依据命理学说，我是水命人，泡茶好，但怕烧火。明印师是火命人，火烧得很好。所以我每次上山，都是他烧火，我做饭，吃过饭后泡茶自然也是我的事情。

"人心要实，火心要空"，这是当地山民教我们的话，很有道理。

我开始烧火时总担心火不旺，于是多搭柴，结果弄得满屋子都是烟，只好很狼狈地跑出灶房。经过明印师轻轻拨弄后，火起来了，烟也渐渐消散了，看看炉膛，也就三四根柴火，熊熊燃烧着，锅里的水已经响开了。

为了烧好火，我特地制作了一根吹火筒，一把蕉叶扇。吹火筒用毛竹，长短如同洞箫。蕉叶扇剪去边围，仿佛济颠和尚常摇的破扇。我在扇面上题了"松风"两个字。带到山上后才发现吹火筒一点儿实际用途也没有，而蕉叶扇却派上了大用场。去了边的蕉叶扇用来扇火很好，火旺，不起灰，而且很有些山居"味道"。

如济赘语：

这个世界上的任何事情，真正做起来都不容易，住山也是如此。

山居生活虽然简单，但很烦琐，从前面有关担水、劈柴、烧火的内容，大家就已经能大略感受到了。对于那些向往山居生活的年轻人，我总是表示理解，因为他们所谓的山居生活，其实都是理想化了的。

有一位年轻的出家僧人，不知怎么就打听到了广福茅棚，在寺院里打了两个禅七后，说要到山上茅棚去住。我先是婉言谢绝，但他很坚持，并表示他住禅堂已经有十几年时间，住山没有任何问题，而且他连住山的铺盖、衣物都已经准备好了。看他态度这样坚决，我只好答应第二天带他去看看。一路上，他说了很多，都是禅堂里的事情以及他在修行方面的体会，这些我都不大懂得，只好唯唯诺诺的，很认真地听他说话。

车很快就到了山下，我们两人下了车，雇山民背着行李，开始爬山。走了大概不到十五分钟，他已经气喘吁吁了，我想，大概是因为他在禅房里住久了，还不适应走山道吧，就停靠在路旁的石头上歇息，擦汗喝水。他就问："这路就一直这样，全部是小路？"我回答，是的。他又问："还有多久能到？"我说，我们才走了不到五分之一，还有一个多小时山路呢。听了这话，他的话立刻就少了，一路上豪言壮语也没有了。

终于到了广福茅棚，我带他到几处茅屋看了看，他脸上一点儿喜色也没有，大概觉得条件太简陋了吧。其实在整个终南山，广福茅棚的居住条件已经相当完善了。然而，毕竟是山间茅舍，条件自然不能和山下的寺院比。到禅堂里礼佛、烧香出来后，他悄悄问我："这里供养怎么样？"我回答："山里清静，没有什么供养。"他也就不说什么了。

吃过斋饭，他坚持要下山，我劝他说："既然好不容易上来了，住一晚再走也不迟。"他表示不住，并坚持要下去。我看他态度坚决，只好让山民又扛起行李，送他下山。我因为要在山上住几天，就没有陪他下去。此后就再也没有他的消息了。

像这样的出家人我遇到过很多，很让人惋惜。这也不能完全怪他们，他们都是些很幸运的年轻人，从小就没有受过苦，连茅棚是什么样子也没有见过。寺院里衣食住行样样如意，住久了，难免会产生外出参访的念头，参访茅棚和住山自然成了第一选择。在他们眼里，看到的都是住山行人超脱光鲜的一面，什么入定呵、悟道呵、辟谷呵、成佛啊，云里雾里的，很新奇很神秘很潇洒，热闹得不得了。及至到了山里面，看到几间歪歪斜斜的茅草房，几个节衣缩食的住山人，一屋子呛人的烟火气，和他们原先的期望大相径庭，自然就觉得不如意了。于是只好打道回府，落荒而逃，继续在大城市、大寺院里修各自的道业去了。

禅宗里有个"一宿觉"的公案，《景德传灯录》里有记载。永嘉玄觉禅师(665年–713年)，唐代温州永嘉（今属浙江）人，字明道，号永嘉玄觉，俗姓戴。他少年出家，先学天台止观法，在行、住、坐、卧中，常冥想静观。后受左溪玄朗禅师指点，前往韶州曹溪参拜六祖慧能。"一宿觉"公案是这样的：

玄觉禅师初次来到六祖慧能座下，振动锡杖，绕六祖法座走了三圈，笔直站立。六祖说："作为出家人，应当具备三千威仪和八万细行。大德从哪里来，竟然这样傲慢？"

禅师说："生死事大，无常迅速。"

六祖说:"那为什么不去领会无生的法旨,了悟无速的道理呢?"

禅师说:"领会就是无生,了悟本来无速。"

六祖说:"是这样,是这样的啊。"

当时大众听了这一段对话,没有一个不感到惊讶的。玄觉禅师这时才按照礼仪参拜六祖,接着便要告辞。

六祖说:"回去得也太快些了吧?"

禅师说:"本来便没有动过,怎么谈得上快呢?"

六祖说:"谁能知道没有动过?"

禅师说:"您人为地在分别动过和没有动过。"

六祖说:"你很懂得无生无灭的道理。"

禅师说:"无生无灭难道还有道理吗?"

六祖说:"无意思有意思是谁在分别?"

禅师说:"分别也不是意思。"

六祖赞叹说:"妙啊,妙啊,小住一宿再走吧。"当时人称此一段公案作"一宿觉"。时谓一宿觉矣。

这就是古代的禅师,这就是古代的禅风,机锋凌厉,无人能敌。所以禅宗从来所度的都是上上根性之人,于此可见一斑了。

火已经烧起来了,炉灶里噼噼啪啪的,那是柴火受热后的抱怨。屋子里全是烟,呛得人眼泪都淌出来了。连续半个多月阴雨天气,柴火有些潮湿,烧火很不容易。

"明印师,快来烧火,我到菜地里拔菜去了!"我冲出茅屋,冲禅堂里大喊,并趁机跑到坡下的菜地里去了。

山峰依然高耸,白云悠悠,我摘下眼镜,揉了揉眼睛,笑了。

山居茶事

在终南山的千竹庵,晒茶、煮茶,做一个像庄子那样悠游自在的煎茶翁,戴着斗笠捡拾木柴,这样的生活是一大乐趣。

一壶茶、一座山、衣袖藏满清风以及去年桃花的味道,流水随着大风吹过草庐,喝茶的人心里笃定,似乎可以随风而去。坐在树下,耳畔可以听到煮茶的木柴响声,一呼一吸之间,木柴燃烧时的香气也溢满山野。

茶所象征的清净生活背后,是中国人的生命哲学与宇宙观,在这种体悟中,我们才能把握中国文化中的那种静美与恬淡。在千竹庵,凭着一壶茶,可以独对明月与积雪,可以笑谈春华与秋实,这是中国隐士们在山中饮茶的时候用几千年的时间培养出来的恬淡、安宁的心态。这种安然、淡泊保存在历代高士的心怀中,只有活的水、火,清净的器、圆净的心才能体悟它的存在与秘密。

焚香煮茶,山间的松风已经吹了千年,一壶茶摆在案前,你想喝多久就喝多久,不必担心时间不够。茶水冷热,四季轮回,你自己的心是苍茫风雪中笃定无二的。钟磬响起,暮鼓晨星,何必要追问太多的陈年旧事?只需要拿起一块茶砖,和南山如济一起坐在南山亭,泥土、雨水和阳光隐藏多年的秘密就会向你洁净的心展开。

对于有功夫的修行人来说,一壶茶就是一个轮回,一炷香就是熄灭烦恼的大限,一轮月就是清静道场。喝茶就是净心,让古老的流水洗尽我们内心的贪嗔痴，才能从心底感受到世间万事如流水，昨日郁郁黄花、苍苍云霓，不过是一壶茶中的幻化与心事。

往事不必回首，流水依旧西风，千竹庵的茶是可以慢慢品的。一壶茶，你我就可以变成云中的痴人，醉心仙人们的琴音与歌声；一壶茶，你我也可以邀来万古的寂寞与苍山对饮；一壶茶，你我也可以皓首长歌，采薇山中，寻找上古时代那条通往大道的山野小路。

煎茶

在过去，终南山里的山民很少喝茶，饿了吃馍，渴了饮水，这是他们祖祖辈辈传下来的生活习惯。如果是夏天，直接从小溪里掬一捧山泉水喝，据说很解渴。我们住到山上以后，特意准备了大水缸和舀水瓢，山民和过路人就可以用瓢舀水喝了，既方便，也卫生。我们还将茶器搬了上来，天天泡茶喝。

开始时，山民看着我们喝茶，觉得很稀奇，我们就请他们一起喝，后来他们也就习惯了。几年时间下来，他们也有了喝茶的习惯。但如果是夏天，或者干完活后，他们仍旧喜欢捧着山泉水喝。

山居泡茶很简单，一大壶水烧开后提到茶台边，倒在泡茶用的小提梁壶里，冲壶烫盏后，就可以泡茶了。如果人多，或者干完活后很渴，我们就用粗瓷碗冲茶喝。投茶后，提起大水壶直接冲，稍稍晾一晾，就可以饮用了。茶台也很简易，我们用山民遗留下来的石磨盘当茶台，虽然厚重，但很简朴，而且不怕风吹雨淋，也不怕被人抬走。

煎茶往往都是在上午或者下午无事的时候进行。洗手洗脸后，我们在茶亭里坐下，汲山泉，生槐火，听着壶中松风响动时，备器备茶叶。待得壶中响声渐息，水就煎好了。此时提壶离灶，冲瓯烫盏，投茶、瀹茶。出汤罢，第一盏茶汤供奉诸佛菩萨，第二盏供养在座大德及出家人，然后依次奉茶。山风徐来，茶香盈鼻，茶帘轻扬，蒲团止静，真有高隐世外的感觉呢。

看到我们饮茶，山民嘲笑说："看你们这样子喝茶，都能把人急死！"

如济赘语：

清人震钧在《煎茶说》中写道："煎茶之法，失传久矣，士夫风雅自命者，固多嗜茶，然止于水瀹生茗而饮之，未有解煎茶如《茶经》《茶录》所云者。"

《茶经》为唐人陆羽所著，《茶录》是宋人蔡襄编写的。可见自唐及宋，煎茶是件很风雅、很奢侈的事情，时至今日已经失传千年了。

日本有一本《煎茶诀》（宝历本）的茶书，据说是我国清代民间文人叶隽撰写的，有日本僧人蕉中老衲的补文。此书在我国无传，在日本也仅有少数人读过。

《煎茶诀》论及煎茶时说："凡每煎茶，用新水活火，莫用熟汤及釜铫之汤。熟汤，软弱不应茶气；釜铫之汤，自然有气妨乎茶味。陆氏论'三沸'，当须'腾波鼓浪'而后投茶，不尔，芳烈不发。"可见，煎茶法在中国虽然已经失传，但在邻国日本却一直有承传，虽然面目稍异，却也令人略感欣慰。

山居煎茶，当然不能像震钧所说的那样儒雅，也不能像《煎茶诀》所写的那样精致，只是用了这两个字的名衔而已。

山居烧火用劈柴，烧水用不锈钢壶。用的时间久了，壶身与炉灶成了一个颜色——黑乎乎的油烟色。许多到如济居茅棚的人，第一眼看到我们用过的烧水壶会很诧异，因为完全看不出壶的本来面目，有些人还以为是老铁壶呢。其实只是壶身上沾了一层烟灰而已，壶依然是壶，没有丝毫改变。

喝茶用碗，很大的有残缺的粗瓷碗。

许多人第一次用这样的碗喝茶，也会诧异，问："你们就这样喝茶？"我答："是的。"这些碗都是山民遗留下来的，虽然粗大，却也有一种质朴之美，很适宜山居生活。时间久了，大家喝茶都喜欢用碗。这也难怪，爬了十几里山路，流了不少汗，小壶小盏的可不解渴啊。

据禅宗公案记载，唐时赵州和尚待客有三重标准：第一等人来，禅床上接；中等人来，下禅床接；末等人来，三门外接。

如济居待客也有三等标准：第三等人用功夫茶具，第二等人用素瓷小碗，第一等人用粗瓷大碗。

试问屋外山峰，你们是哪一等呢？

煮茶

明人陆树声论及煎茶时说："煎茶非浪漫，要须其人与茶品相得。"徐渭在《煎茶七类》中说："煎茶虽微清小雅，然须要其人与茶品相得。"

屠隆在《考槃余事》中说得更精彩："使佳茗而饮非其人，犹汲泉以灌蒿莱，罪莫大焉。有其人而未识其趣，一吸而尽，不暇辨味，俗莫甚焉。"

自古及今，煎茶都是件风雅之事，其方法往往流传于山林隐逸间，非有"泉石膏肓之疾"者，不能领悟其中奥秘。

山居简易，自然不能如徐青藤、屠赤水所说的那样煎茶而饮，不但费时，而且折福，于是我们在山上就改作煮茶了。

乌龙茶可煮，黑砖茶可煮，普洱茶可煮，甚至绿茶、红茶、白茶也可以煮，只要时间火候掌握好了，茶汤滋味就会很好。

我们在山上煮得最多的，是乌龙茶茶梗。

茶梗煮之前要用慢火焙过，然后用石臼捣烂，捡去残枝剩叶，装在茶囊里，先用开水烫洗两遍。候得壶中水声响时，就可以投放茶梗煎煮了。茶梗一般都煮上十分钟左右，稍稍静置片刻，将茶汤注入茶碗，就可以饮用了。这样煮出来的茶汤滋味很"醇厚"，香气深沉，很适宜坐禅时饮用。

许多到过广福茅棚的道友们，大概对这里的茶汤滋味最为留恋了，却不知我们是用茶梗来煮的。

能用世人之所弃，而养成山居滋味，大概也是一件很有意义的事情吧。

如济赘语：

说到山居煮茶，可真是滋味无穷呵。

煮茶都用红泥小火炉和铸铁壶，先去小溪里汲来一陶罐山泉水，舀入铁壶，约七分满，然后起炭。木炭是已经备好了的，贮放在炭斗里。炭斗里还备有炭夹、火箸和蒲扇。从炉灶里夹出烧红的炭基，放在小火炉里，接着把木炭夹入火炉。此时却不能着急，要耐心等着，大约五六分钟，火苗就起来了。如果还嫌火小，可用蒲扇轻轻地扇，待得火炉里木炭通红，将铁壶坐上去，就可以着手备茶了。

茶梗要先用慢火焙过，又在石臼里捣烂，然后倒在纳茶纸上，接着取茶囊，将茶叶纳入囊中六七分满，取一只洁净小碗，将茶囊放入。回头看看铁壶，水已近二沸，松风悦耳，热气蒸腾，提壶向小碗里冲水润茶，然后将茶囊投入铁壶，煮茶。

茶香随着热气在茅舍里蔓延，待得铁壶中声音渐渐平静，半盖上壶盖，使茶汤不要溢出来。大约煮二十分钟，就可以出汤品饮了。

说起来惭愧，我过去饮茶对茶叶要求很高，是不饮带梗茶的，更不用说煮茶梗解渴了。一日读《朱子治家格言》，当读至"一粥一饭，当思来处不易。半丝半缕，恒念物力维艰……器具质而洁，瓦缶胜金玉。饮食约而精，园蔬胜珍馐"时，忽然心有所悟，深自忏悔。因思量道：天地孕育万物，必然有各自的用处，也就是俗话说的"世上本无可弃之物"，只是我们暂时还没有发现其用途而已。譬如茶梗，既然它能发茶芽、长茶叶，并且和茶叶一起采摘、制作，当然也可以饮用，为什么不试一试呢？

于是汲泉煮水，涤器备茶，等到茶铫中隐隐透出茶香时，不禁惊呼：原来煮茶梗也能满室生香！

后来到了山里，因为干活、坐禅、念佛的缘故，没有时间做功夫品饮，就改用大碗冲瀹茶汤，不但便捷，也很解渴。后来发现用烧过的木炭煮茶很好，不但使茶汤滋味醇厚，而且能养胃，与禅修相得益彰，就开始煮茶了。住山的明印师是福建人，喜欢喝茶，这些年茶叶价格昂贵，他就从茶叶店里要了些茶梗来煮，发现滋味很好。从此煮茶梗就成为广福茅棚的一项"专利"了，很受参访者欢迎。

古语有云："咬得菜根，百事可做"。山居简易，煮茶梗不但便利，于修习道业也会有所帮助吧。

因为说到煮茶，忍不住多啰唆了几句，碗里的茶汤都快要凉了呢。

此时已是子夜时分，神思稍稍有些倦怠。炉膛里余烬未灭，几案上一灯如豆，将我的身影长长地涂写在身后的残破土墙上，飘摇不定。茶汤在幽暗的灯光下呈现琥珀色，一碗落肚，倦意尽消，身体里顿时感到暖暖的。三碗饮罢，连后背也有阵阵暖意呢。不知什么时候，山月也探头探脑地来到窗纸前，是来讨碗茶喝的吧？山月摇摇头，摇落一窗竹影。

饮茶

饮茶的要义不在于品饮茶汤的香气和滋味，而在于能从品饮过程中领悟人生道理，乃至明心见性、顿悟菩提。

一碗茶饮尽，心里也就如天上的月光，明晃晃的。

你可以大碗饮茶，也可以小盏啜茶。可以做功夫品饮，也可以随意而饮。可以饮粗茶，也可以饮上好细茶。

饮茶并非仅仅为了解渴。如果仅为解渴，古人夏则饮水，冬则饮汤，汤、水足矣，何必饮茶？

饮茶是一种寄托，一种修持，一种感悟，甚至是人生的一种境界。

饮茶非用口，而是用心。

赵州和尚招呼新到:"吃茶去!"学人宜在此地用心体味。

山居简易,粗瓷茶具二三,粗制茶品数两,水取山泉,火生石灶,水沸茶熟,正是品饮时节。

如济赘语:

日本武野绍鸥曾经这样说:只要碗里的茶汤不凉,我愿意整天对着它。武野绍鸥所要传达给我们的,当然不是要我们整天沉浸在茶汤里,而是要我们时时刻刻都要有饮茶之心。

大家也许会说,怎么能说我们没有饮茶之心呢?我们不是每天都在很用心地饮茶吗?

我想起一段禅宗公案:

大珠慧海是马祖道一禅师座下弟子,悟道后韬光养晦,唯以坐禅为务。

有僧人问他:"和尚在这里修道,还用功吗?"

慧海禅师回答说:"用功。"

僧人问:"如何用功?"

禅师说:"饿了吃饭,困了睡觉。"

僧人不解,又问:"所有的人都是这样,跟禅师您用功一样吗?"

禅师回答:"不一样。"

僧人问:"为什么不一样?"

慧海禅师答道:"他们吃饭的时候不肯好好吃饭,百种思索;睡觉的时候不肯好好睡觉,千般计较。所以不一样。"

慧海禅师说的道理虽然简单,但我们却很难理解。因为我们的心一直很分散,不能集中在一件事情上。总有许许多多问题要考虑,总

有许许多多事情要关注，我们的心思已经很难沉静下来。虽然说这是当前的大环境所使然，但也和多生累劫的习气分不开。

佛经中说："若人静坐一须臾，胜造恒沙七宝塔"。可见静心是多么重要。

我们饮茶时也是这样。开始时注意力都放在茶叶的精粗、茶器的好坏以及冲瀹技法上了。茶汤注盏，又开始分别茶汤的色泽、香气、滋味、气韵这四相，评定出茶汤优劣。这样以分别心饮茶，很难品饮出茶汤的真实滋味。

什么是茶汤的真实滋味？简单些说，就是茶汤本来的味道。要品饮出茶汤本来的味道，就要去掉分别心，直面一盏茶汤，无取舍、无拣择、无分别，久而久之，或者可以品饮出茶汤本来的味道。

关于饮茶，我们了解的知识已经足够多了，有许多人已经达到了"专业"级别。但这又有什么用呢？我们依然品饮不出茶汤的真实滋味。

我们心里已经有了先入为主的观念，有了甘淡清苦的分别。所谓品饮茶汤，只是对这些观念和分别进行一番验证而已。

只有彻底将这些观念和分别抛弃了，反观我们自心清净的一面，或者能够品饮出茶汤本来的味道。

所以，茶汤本来的味道，就是我们清净自性的味道。借用禅宗的话说，就是"禅悦之味"。

"饮茶之心"另一层意思是说，我们要时刻保持内心的清明灵动，欢喜对待每一片茶叶。

末法时期，众生不但习气重、业缘深，心都很粗，不够细致。我们总是抱怨时间不够，抱怨事情太多，这些其实都不是理由。时间只是个虚假名相，不是真实的。我们怎么能用这个不真实的名相来衡量事物的长短始末呢？我们不妨仔细想一想，这个世间有多少事情是真正有益于社会、人生的？我们每天起心动念有多少是为社会、为他人？我们自己心里不是很清楚吗，都是为自己、为家庭，都是为了一己之私利。这个是瞒不了人的。所以，如果我们能够真正放下自我，放下自私自利，乃至放下五欲六尘，世间的事情就会变少，时间也就足够多了。

饮茶是件清雅的事情，一件消闲的事情。这就需要我们静下心来，暂时忘记尘世间的一切，将身心收束在眼前这一碗茶汤里。这才是饮茶之心，这样才能品饮出一碗茶汤的真实滋味。

这个尘世间的味道很浊重，那是金钱的味道，权势的味道，酒肉的味道，六道轮回的味道。对于那些沉溺在尘世滋味间的人群，我们心怀怜悯。每当看到他们偶尔也会饮一杯清茶，虽然尚不能领会其中滋味，但毕竟是种下了清净的种子，我们不觉心生欢喜。茶真是人世间珍贵的饮品呵。

不知从什么时候开始，饮茶也变得奢侈起来了。现在一些茶叶的价格已经高得惊人，听说有卖十几万元一斤的。前两年，人们疯炒普洱茶，理由是"越陈越香"，于是乎，市面上铺天盖地都是黑乎乎的普洱茶。现在，有些人家里还存放着五六代人也喝不完的普洱茶砖呢。茶器现在也开始涨价了，特别是紫砂壶，听说有的已经拍卖出了天价！那只是一把泡茶用的紫砂壶而已呵！

这一切都是人心不清净所造成的，归根结底是贪欲心在起作用。所以今天说到饮茶，其实已经没有什么让人留恋的味道了。

"茶道的根本在于清心，这也是禅宗的根本。"珠光禅师如是说。

清净心就是直心，就是初心。既然这个世界已不再清静，那就回到山林里去吧，采野蒿，汲清泉，虽然滋味稍稍苦淡，却是真实的滋味。比起尘世间的浊重滋味，我甘愿饮一盏清水！

秦末汉初的东园公唐秉、角里先生周术、绮里季吴实和夏黄公崔广，四人志趣相投，感觉天下将乱，于是隐居到终南山的商山里，因其须发皆白，人称"商山四皓"。曾经吟《紫芝歌》以明志，歌曰："莫莫高山，深谷逶迤。晔晔紫芝，可以疗饥。唐虞世远，吾将何归？驷马高盖，其忧甚大。富贵之畏人兮，不如贫贱之肆志。"

秋已暮，我凭几而坐，鼓琴而歌。泥炉上茶汤已熟。没有"商山四皓"前来共饮，那就自斟自饮吧，让茶香温暖清贫而淡泊的情怀！

普茶

据古代文献记载，普茶之事起源于禅门。历代祖师为了广种善根，普结佛缘，以吃茶为契机，以宣示禅宗心法为皈旨，因此有了普茶之举。古时候寺院里产茶，上者奉佛，中者供奉诸方大德，下者自奉。又专设茶头，用以供奉大众茶汤。禅宗认为，茶有三德：坐禅时通夜不眠，满腹时帮助消化，茶且不发。有助禅门清规，值得提倡。

赵州从谂和尚住观音院时，经常以一句"吃茶去"法语接引四方学人，因此有了"云门饼、赵州茶"的话头流传后世。到了近代，寺院普茶仅仅在每年的除夕之夜举行，和社会上的"茶话会"并无二致，已经没有了往昔的庄严与深意，殊为感叹。

普者，普遍周详之意，虽然只有一盏茶，然而上奉十方诸佛，中供诸圣贤，下及六道三途，如大雷音，如大云雨，三千大千世界一切众生，莫不沾染茶露，生欢喜心，这才是普茶的实境和深意。

如济赘语：

已酉年（公元2005年）初夏，南山子如济一大早即动身，乘车前往终南山如济居普茶。

普茶的日子是我和住山的明印师上个月拟订的，之前已做了不少准备，如茶品、器具以及坐具的鉴选等，都一一精心安排，以求洁净和庄严。

由于连日晴热，山里的气候也潺热异常，尚未过如济梁，我身上的衣服已几乎湿透了。山下正在修路，行人和游客均看不到踪迹。初生文蝉栖止在茂密的草木丛中，鸣声时续时断。走过如济梁，一位山民正斜倚在山道旁歇息，告诉我说，山杏熟了，很甜。山上杏树很多，记得初春上山时杏花满眼，娇艳无比。现在已是初夏，距离夏至尚有两日，山杏该熟了。

最近事情很多，身体状况不大好，行走在炎炎烈日下的崎岖山道上，感觉稍稍有些吃力。又走了一大段山路，我放下行囊，找了块山石坐下，打开旅行水壶，喝了几大口水后，感觉好多了。抬头看看山顶，还有一大半路呢。太阳的热力却越来越强了，连蝉也停止了鸣叫，天气真的太热了。一直以来我都有一条为人处世的准则，那就是，既然决定的事情就一定要做到。我取出毛巾，擦了一把额头上的汗珠，背起行囊继续前行。并口占七绝一首曰：

> 六月南山溽暑天，文蝉声怯鸟语圆。
>
> 山路崎岖何所慰？茶汤微苦杏方甘。

这是想象到达如济居后饮茶吃杏的情景，有些"望梅止渴"的意味。

终于回到如济居了！明印师已在院外的一棵柿树下设了石桌、石凳，是专供四方游客和山民歇息饮水用的，也可以用作普茶的场所。明印师功德真大呵。

洗过脸，喝了一大碗茶汤，吃了两三枚山杏，略事休息后，即开始普茶。

普茶在院子里进行，虽然简单，但很庄重，因为这是如济居的第一次普茶活动。除供养诸佛菩萨及诸圣贤外，也供养土地山神以及六道众生，这样我们才能在一个地方长期安住。

做完普茶后简单吃了些午餐，又与明印师闲话多时，看看太阳快落山了，开始担水浇灌山上的茶树、菊苗、瓜果菜蔬等，一直忙碌到晚上。

我在山上住了一晚，第二天一大早下山。

这两天持续高温，气温高达38度，回到家里时已经是中午两点多钟了。看着我汗流浃背的样子，夫人嗔怪道：你真是疯了，这么热的天气还往山上跑！

瓦罐茶

我个人如今泡茶很随意，盖瓯可泡，茶壶可泡，茶碗可泡，瓦罐也可泡。大多是根据茶品不同，选用不同器具，只需恰当掌握投茶量、水温以及出汤时间即可。

山居饮茶,以煮茶为主,泡茶、煎茶为辅。烧火用石灶、劈柴,泡茶用瓦缶、瓦罐、茶碗。瓦缶用来贮水,瓦罐用来泡茶,茶碗用来饮茶。简朴方便,很符合山居境况。

瓦罐、瓦缶都是山民遗留下来的旧物,质地虽粗,却很有些"味道",经过一番修整,简朴古拙中透露出些许儒雅气息,看着很欢喜。茶碗则是我特意订制的"粗碗",颜色淡雅,大小合适,用来饮茶很好。瓦缶贮水,一般要停放两小时后方可用,这时候水性较"柔",很适宜瀹茶。瀹茶时先要将瓦罐烫过,然后投茶。这样冲瀹出来的茶汤香气、滋味感觉很"通透"。我特意给瓦罐配上麻绳提系,方便出汤。

山居饮茶一般都在南山亭里。我们用石磨作茶台,另有一盘小石磨,则用来放置茶炉。主客坐定后,备器煎水,水初沸时,冲烫瓦罐、茶碗毕,接着将茶叶投入瓦罐中,略略摇香后静置片刻,待得水近三沸时,提壶断火,先冲入少量水润茶,接着冲水瀹茶。约两三分钟后,就可以出汤品饮了。

分茶时用竹勺将茶汤均匀分入茶碗中,约六分满,依次奉茶毕,饮茶。

瓦罐瀹茶,风味很独特。投茶后茶香已隐约透出,润茶时茶香散逸亭中,瀹茶时茶香萦绕罐口,袭人鼻端。出汤后捧起茶碗轻啜一口,但觉滑爽甘香,叹未曾有。饮茶毕,捧起瓦罐轻嗅,香气清幽,合着山上清风,真使人有乘风归去的感觉呢。

如济赘语:

瓦罐泡茶过去在农村很普通,特别是农忙季节,冲泡一大罐茶水，配上两三个茶碗，用竹笼提到田间地头，供干活人饮用。茶自然是粗茶，碗也是粗碗，但喝起来却别有滋味，很解渴。

唐人陆羽在《茶经·六之饮》篇评论当时的饮茶习俗说："饮有粗茶、散茶、末茶、饼茶者。乃斫、乃熬、乃炀、乃舂，贮于瓶缶之中，以汤沃焉，谓之痷茶。"陆羽对这种"痷茶法"是很不赞同的，所以他另创"煎茶法"，并将之推广到文人雅士及平民百姓中，他也因此被尊为"茶圣"。唐代普遍使用蒸青制茶法，无论饼茶、末茶、散茶，用瓦罐冲瀹滋味可能都不好，而用茶釜煎煮后，茶汤滋味却十分甘美，所以才得到茶圣的提倡和社会大众认可。时至今日，蒸青制茶法已经很少使用了，饼茶、末茶也很少见，用茶釜煎煮茶汤的"煎茶法"也久已失传，感叹之余，却发现"痷茶法"竟然很适合当今茶品，无论绿茶、乌龙茶，或者红茶、花茶、普洱茶，用"痷茶法"冲瀹出来的茶汤，色泽淡雅，香气清幽，滋味纯正，这大概是陆羽当年没有想到的吧。

如今大家泡茶都很讲究。茶品讲求，器具讲求，用水讲求，冲饮方法更讲求。山居简易，日用维艰，自然就不能如同山下那般讲求了。所以瓦罐"痷茶法"很适宜山居品饮，也值得向大家推荐。

且录小诗一章：

> 痷茶别有味，瓦罐蕴幽香。
>
> 午后持三碗，山居滋味长。

吃茶一斗

山居饮茶一般用茶碗、茶瓯或者茶盏。唐代诗人卢仝号玉川子，有《七碗茶》诗曰："一碗喉吻润，两碗破孤闷，三碗搜枯肠，唯有文字五千卷……七碗吃不得也，唯觉两腋习习清风生。"吃茶用的是茶碗。白居易《咏意》诗吟诵道："或吟诗一章，或饮茶一瓯。"吃茶用的是茶瓯。

至于茶盏，在古代也是指茶碗，而非现在大家所看见的各色小巧茶盏。如刘禹锡在一首煎茶诗中写道："骤雨松风入鼎来，白云满盏花徘徊。"这里的"盏"其实就是茶碗。

大约到了清代以后，随着冲泡法的流行，饮茶都改用杯和盏了，比起茶碗、茶瓯容积小了许多。如清代袁枚在《随园食单》"武夷茶"条中记载说："杯小如胡桃，壶小如香橼，每斟无一两，上口不忍遽咽，先嗅其香，再试其味，徐徐咀嚼而体贴之，果然清芬扑鼻，舌有余甘。"武夷僧招待袁子才饮茶用的小茶杯，其实就是茶盏，小巧如"胡桃"，已经和现在品饮功夫茶用的小茶盏很接近了。

山居饮茶常备粗茶碗数只，或待客，或自奉，非为解渴，仅仅因为方便而已。唐代仰山慧寂禅师曾有诗句道："滔滔不持戒，兀兀不坐禅。酽茶三两碗,意在镢头边。"(《景德传灯录》)读来颇有意味。如果改碗为盏,大概就没有这样浓郁的"禅味"了吧。

至于贮放茶叶的用器,除了陶罐、纸囊、布袋外,我还喜欢用"斗"贮放茶叶,一则便于取用,二则也更有山居气象。

如济赘语:

已有好些日子没有登临如济居了,一则因为连绵秋雨的阻碍,二则也因为住山的明印师回了南方,暂时用不着如济上山"供养"。藉着这两样理由,正好可以偷闲一段时间,蛰伏在小小斗室里,饮茶读书,吹箫抚琴,却也清闲自在。

周末恰值秋晴,终于按捺不住寂寞,于是约了二三友人一起登山。

记得上次登山是在夏末,草很深,有几处山道几乎"蓬蒿没径",走起来很不方便。本来想雇山民割草,后来想想又算了。山居简易,一切听任自然。现在虽然是初秋,由于持续下了半个多月的雨,蒿草倒伏下许多,逐渐显露出蜿蜒山道来,而且泥沙铺地,很好行走。

远远地就看见山谷对岸的观音石了。观音石高约一丈,顶上两块巨石上合下分,恰如观音合掌一般,因而取名"观音石"。观音石后面有一片松树林,如济居就位于松树林背后的山坡上。远远望去,树木肃立,墙瓦掩然,南山亭独立山顶,略显孤寂。

如济居院落的荒草足有半尺高,连石阶也挡住了。我卷起竹帘,打开门锁,推门看去,屋内落了一层泥块和尘土。由于许久无人居住,屋里有些阴凉。简单打扫了一下佛堂和茅屋,搬出茶器到南山亭,开始布置茶席煎水烹茗。所谓"茶席"其实很简单:一碾石磨盘,三个蒲团,五只粗瓷茶碗,一把粗陶茶壶,一张纳茶纸、一饼茶而已。茶席虽然简陋,但用来煎水瀹茶,足矣。水用山泉水,漉水囊过滤后舀入砂铫,然后坐到泥炉上煎水。茶叶是武夷岩茶,盛放在一只特制茶斗里,方便取用。记得有次和朋友在茶楼饮茶聊天,偶然说起在如济居饮茶的情景,我告诉朋友说:"山上饮茶很有意思,往往能吃掉一斗茶叶。"朋友听后很诧异,问:"一斗可是十升呵,你们能吃掉这么多茶叶?"我笑着解释说:"我们用来盛放茶叶的斗比较小。"朋友仍不信,后来上山来了,看到我贮茶叶的茶斗,不禁大笑:"原来是这样的茶斗呵,怪不得你声称能吃掉一斗茶叶了!"

这个茶斗其实并不小,如果贮放绿茶或乌龙茶的话,将近半斤,半斤茶足够两三茶友品饮两三天了。所谓的"吃茶一斗"仅仅是趣话而已,并非真的能吃掉一斗茶叶。

斗,是古代的计量单位,容积为十升。东汉许慎《说文解字》解释说:斗,十升也。斗在古代又用作盛酒器。《通俗文》:木瓢为斗。李白曾有诗句说:"金樽美酒斗十千,玉盘珍馐值万钱。"这里的"斗"是指能盛酒十升的酒器。杜甫《饮中八仙歌》也有诗句道:"李白斗酒诗百篇,长安市上酒家眠,天子呼来不上船,自称臣是酒中仙。"也是同样的用法。可见在古代,斗除了贮放粮食外,也是量酒的容器,李白饮酒一斗,足见酒量之大了。

不过历史上的确有用斗吃茶的记载。据晋人杨炫之《洛阳伽蓝记》记载:"(王)肃初入国,不食羊肉及酪浆等物,常饭鲫鱼羹,渴饮茗汁。京师士子道肃一饮一斗,号为漏卮。"王肃用来饮茶的茶斗的容积如何,历史上没有确切记载,不好遽下结论。

今天因为人少,我们只用了小半斗茶叶,略略休息,简单用过午斋，又去广福茅棚看了看，饮茶说话，然后下山。

独饮得趣

收拾完庭院，简单用罢晚餐，已是傍晚时分。

一个人来到南茶亭，蒲团趺坐，茶盏默对，静静享受着山居的这份宁静与安详。天色渐渐暗了下来，群峰无语，隐没在淡然暮色里，清静而庄严。风从溪谷山林间吹来，夹带着草木花香和丝丝凉爽，畅人心怀。

走出南茶亭，星月满天，供佛诵经罢，想着该饮一壶茶了。

山中饮茶很粗放，或烹或点，或煮或煎，或者直接沸水冲瀹。山中饮茶一般都用粗瓷茶碗，既解渴，又省心，而且节俭。

茶品是我亲自挑选的，有普通"粗茶"，也有上好"细茶"。"细茶"用来供佛待客，"粗茶"自己品饮。茶品以绿茶为主，也适量搭配一些乌龙茶、红茶、花茶、白茶、普洱茶等，以便招待往来僧众及茶友。山居饮茶，不仅能涤烦解渴，除睡清神，也对身心健康有益，饮茶后无论坐禅或者绕佛，都很适宜。

今晚品饮的这一款"黑美人"属于花茶类，茶坯用云贵一带大叶种绿茶，窨花用茉莉，香深味浓，是地地道道的"粗茶"，很适宜山居饮用。据卖茶人介绍，这款茶是他们家的"宝贝"，因为干茶颜色偏黑，戏称"黑牡丹"。我嫌这名字不雅，改称"黑美人"，这样称呼似乎更符合这款茶的品质特性。

山中夜晚很静，只有淅淅风声和念佛机传来的声声佛唱。佛堂一侧是茶室，是我平常饮茶修习的地方。茶室不大，不足十平方米，山泥抹墙，芦席铺地，虽然寒俭，山居饮茶已经足够了。日本茶道宗匠千利休在《南坊录》中说："小草庵里的茶道，首先要以佛法修行为要务。追求豪华的住宅，美味的饮食，那是俗世之举。家不漏雨、食无饥渴便足矣。"这是真正的茶道修习心得之语。

茶室南北向，靠墙一尊水缸，是用来存贮山泉水的。窗下一扇旧门板，约80厘米宽，2米长，权做茶案。至于茶洗、茶则、茶巾、茶斗等，都用山中原有器物，因陋就简，于道相宜。

因为独饮，我决定用盖碗冲瀹今晚的这一款黑美人茶。

水烧开了，我将烧水壶提离茶炉，开始备茶。

黑美人的叶子长而且大，很粗硬，干茶呈墨绿色，望上去黑黝黝的，外形很粗放，属于真正的"粗茶"。茶叶贮放在"茶斗"中，方便抓取。所谓"茶斗"，其实是山民遗留下来的旧物，木质，斗形，通高10厘米，口沿阔约20厘米，原本是用来存放杂物的，稍稍清理后，就是一件很好的茶器了。依次温烫盖瓯、茶盏毕，先将茶叶抓入茶瓯，投茶量约六分。第一水洗茶，接着冲二水，约10秒，就可以开汤品饮了。黑美人滋味厚重，出汤要快，一般控制在10到30秒，最后一水可以延长至45秒。用盖瓯冲泡"黑美人"茶，可以冲瀹至六水甚至七水，很耐冲泡。

第一盏茶汤供养诸佛菩萨，第二盏茶汤奉给远方师友，第三盏茶汤如济自饮。茶汤入口，坚定沉着，有着云贵高原茶叶特有的厚重滋味。香气触鼻，细细的茉莉毫香下，是大叶种绿茶特有的萧疏气息。茶汤橙黄色，稍重浊。叶底却很柔软，多为芽叶，间有老叶、断叶及

茶梗，色泽翠绿，触手柔软细腻，不复以往的粗黑坚硬了。

六水毕，解渴提神，通畅无比。此时细细回味，但觉喉间甘润，舌底泉涌，欢喜无比。

放下茶盏，我忽然想：就茶叶品质而论，今晚的这款"黑美人"自然不能和台湾"东方美人"相比，一个是山野村姑，一个是宫廷贵妇，身价迥然不同。然而就其解渴涤烦、体悟茶道这两方面来说，大概没有太多差别吧？

佛说《般若波罗密多心经》曰："舍利子。是诸法空相。不生不灭。不垢不净。不增不减。是故空中无色。无受想行识。无眼耳鼻舌身意。无色声香味触法。"可见尘世间的所有原本只是一个"空相"，缘聚而生，缘尽还灭，总成梦幻泡影，水月空华。譬如饮茶，汤色、香气、滋味、气韵称作"茶汤四相"，我们平常饮茶，都沉浸在茶汤"四相"中而妄生分别执著之心，迷误终生。真的会饮茶了，就应该在无分别执著处领悟，在平常滋味中体会，此时无粗茶、细茶之分，无我人茶汤之别，一如《金刚般若波罗密经》中所说的："是故须菩提。诸菩萨摩诃萨应如是生清净心。不应住色生心。不应住声香味触法生心。应无所住而生其心。"（庄严净土分第十）真能如此，距离悟道不远矣。

僧人问资福如宝禅师："如何是和尚家风？"师曰："饭后三碗茶。"（《景德传灯录》）

全坦禅师问雪峰义存禅师："平田浅草，麈鹿成群，如何射得麈中主？"师唤全坦，坦应诺，师曰："吃茶去。"（《景德传灯录》）

这些都是古人吃茶公案，顺手拈来两则，以供茶后仔细参究。

夜已经很深了，夜雾透过纸窗，弥漫在小小茶室里，使人身心清凉。茶香仍在，饮茶人的心又在何处呢？

风声沉寂，念佛机传来声声佛唱，亲切而慈悲。

我合掌而起，缓步走出茶室。

绕佛的时间到了。

杏花入茶

每年农历二三月份，山上花事最为繁盛。山樱、杏花、桃花、梨花以及许许多多叫不出名的山花次第开放。山樱繁密，杏花娇艳，桃花妖娆，梨花雅淡，山花烂漫，随意点缀在岩畔坡头，很养人眼。今年由于寒流侵袭，花期比往年要晚许多。记得上次登山时，杏花刚刚育蕾，时隔半月，想来已经开放了吧？

远远地就看见如济居了，坐落在峰峦叠嶂间，静谧而安详。杏花缀满枝头，含苞待放。有几枝因为先占阳气的缘故，已经悄然开放了，散发出淡淡花香。简单用过午餐，开始煎水瀹茶。汲山泉，燃石灶，清泉活火，烹茶最宜。此时趺坐蒲团，瓷瓯雅递，禅韵茗香，真有些古人"野泉烟火白云间，坐饮香茶爱此山"的意趣呢。烹茶时我顺手摘了几朵杏花投入茶汤，赏花颜，啜滋味，叹为稀有。

以杏花入茶，相关典籍中未见记载。南宋赵希鹄《调燮类编·茶品》论及花品时曾说："木樨、茉莉、玫瑰、蔷薇、兰蕙、橘花、栀子、木香、梅花，皆可作茶。"所列花品九种，没有杏花。考之《本草纲目》，在介绍杏花药性时说：杏花［气味］苦、温、无毒。［主治]补不足,女子伤中,寒热痹厥逆。(《别录》)。似乎很适宜女子饮用。至于能否入茶,并没有明确结论。如济以为,大自然生养万物,必有其所用之理。早春时节,茶芽萌发,杏花开放,以杏花入茶,大概很值得一试吧?

鉴选杏花应以粒大、色艳的干花或鲜花为佳。如果是鲜花,应该选取花头饱满、色如胭脂的花骨朵。仔细剔除乌蒂后,将花朵投入茶洗中,浇以滚水后倾去残水待用。杏花药性温和,我特意选用新春绿茶相配。投茶后冲水,约半分钟后将茶汤过滤入瓷瓯,并投入杏花六七枚,浸泡约两分钟,就可以开汤品饮了。一般来说,绿茶类可以冲瀹至三水,杏花也恰恰可以浸泡三次,这大概就是大自然孕育万物的奥秘所在吧。浸泡至第三水茶汤时,杏花完全开放,金蕊玉瓣,衬以花蒂浅红,好一幅"冰绡杏花图"!此时吟诵"绿杨烟外晓寒轻,红杏枝头春意闹""小楼一夜听春雨,深巷明朝卖杏花""燕子不归春事晚,一汀烟雨杏花寒"以及"客子光阴诗卷里,杏花消息雨声中"这些诗词雅句,尤觉有味,似乎春的气息也融进这浅浅淡淡的茶瓯中来了,让人欢喜不已。

有意思的是,杏花开放时有着淡淡的花香味,略带甘甜,但浸泡时却有着浓郁的杏仁香味。瓯中茶汤淡雅,花香浮动。捧起茶瓯轻嗅,花香与茶香缭绕一起,袭人鼻端。细细品尝一口,但觉清香满口,浸心浸脾。其间况味,语言难以尽述,有兴味者不妨一试。

"裁剪冰绡,轻叠数重,淡着胭脂匀注。新样靓妆,艳溢香融,羞杀蕊珠宫女。易得凋零,更多少无情风雨。愁苦,问院落凄凉,几番春暮?"这是宋徽宗赵佶《燕山亭·北行见杏花》词的前半阕,据传是在他被掳去金国的途中所作,充满了凄凉和绝望。今天烹点杏花茶汤时偶然想起，随手罗列在文末，也算是对这位"帝王茶人"的一些祭奠吧。

荷香入瓯

经过几场豪雨，天气变得阴晴不定。早起礼佛毕，洒扫庭院，修补篱笆，又将通往茶庭的踏步石整理一番。天色阴沉，空气湿热，干了一会儿活，身上汗衫都能拧下半茶碗水来。早斋毕，换过衣服，开始烧水煎茶。

荷花已残。捡拾了几瓣荷花，撒在竹林前石桌上，青石红花，颇有雅趣。又剪得荷花枝叶一茎，插在竹筒里，配以数茎竹叶草，顿有亭亭如盖之意。抬头望望天空，天色依然阴郁，远山近岭笼罩在沉沉雾气里，只显露出浅淡廓痕。

"这样的天气倒是和峨眉山的很相似呢！"我喃喃自语着，开始煎水备茶。

茶叶来自四川峨眉山，是成都一位茶友特意寄来的，虽然属新创茶品，却喜茶色秀润，香气清雅，很适宜山居品饮。从石桌上拾起一枚花瓣作茶荷，又折了一茎竹枝作茶则，轻轻将茶叶拨在花瓣上。茶形如剑，花颜如玉，未曾品饮，饮茶人的心已微醉了。

水已沸。投茶入铫，略略煎煮片刻，即可出汤品饮。

茶汤绿亮，色泽儒雅，又将几枚茶叶放进茶碗里，一缕清香立刻夺盏而出，袭人鼻端。第一盏茶汤奉佛，第二盏奉远方茶友，第三盏自奉。茶汤入口，甘爽滑润，香气清雅，似乎还有股淡淡的荷香呢。

蜀茶寄到但惊新，渭水煎来始觉珍。

满瓯似乳堪持玩，况是春深酒渴人。

这是唐代诗人白居易的《萧员外寄新蜀茶》七言绝句，抒写了诗人爱茶惜茶的高雅情怀。茶笺远递，茶谊珍重。然而蜀地的茶叶虽然清新，只有用终南山泉水烹煎，茶汤的香气、滋味、气韵才能达到最佳，也才愈显珍贵。

故情周匝向交亲，新茗分张及病身。

红纸一封书后信，绿芽十片火前春。

汤添勺水煎鱼眼，末下刀圭搅曲尘。

不寄他人先寄我，应缘我是别茶人。

这是白居易的《谢李六郎中寄新蜀茶》七言律诗，写得感慨深沉，雅致有味。人生一世，交游虽广，但真正能不忘旧情的有几个呢？却喜蜀地李郎中不忘故交，分享新茗，不寄他人而先寄我，大概也知道我是爱茶惜茶之人吧。如今老病在身，俗务尽脱，正可以汲清泉，起泥炉，坐蒲团，阅茶汤，在水声茶香中消磨生命，谁能说这不是一种大解脱的人生境界呢？

白居易《琴茶》我也非常喜欢，不妨一并录在这里，供大家欣赏：

兀兀寄形群动内，陶陶任性一生间。

自抛官后春多醉，不读书来老更闲。

琴里知音唯渌水，茶中故旧是蒙山。

穷通行止常相伴，谁道吾今无往还。

蒙顶山位于四川成都平原西部，山势巍峨，峰峦挺秀，以盛产蒙顶茶而闻名天下。古人曾有"扬子江中水，蒙山顶上茶"的说法，足见其珍贵程度了。诗人抛官离职，纵情山水，或饮酒，或烹茗，或抚琴，或经行，过着逍遥世外的隐居生活。如果说脱弃尘累、隐迹山林也是人生的一种选择，谁能说白居易不是与大道相往还呢？

唐人顾况有诗句说："煎以文烟细火，煮以小鼎长泉。"读来颇觉亲切。宋人苏轼有诗句曰："雪乳已翻煎处脚，松风忽作泻时声。"读罢最为有味。今人粗疏，于烧水煎茶之事不能细究，只知以沸水冲瀹茶叶之法，令人感慨。清人震钧在《煎茶说》一文中写道："煎茶之法失传久矣，士夫风雅自命者，固多嗜茶，然止于以水瀹生茗而饮之，未有解煎茶如《茶经》《茶录》之所云者。"读来为之一叹。所幸古人典籍尚在，如果我们真的有志于茶道修习，不妨多读诵一些古人有关诗文，或者对归复中华传统茶道会有所帮助。

这是今天因为品饮这款来自蜀地的茶叶，所联想到古人的几首诗歌，并引发的一些感想。其实，说这些又有什么用呢？人世间的一切，包括饮茶在内，莫非时节因缘所成就，非人力所可勉强。所谓"浮沉千古事，谁与问东流"，原是无可奈何之事。然而"无可奈何花落去，似曾相识燕归来"，冥冥中或者真有一种力量，使我中华民族高雅文化以及人文精神得以薪火传承，不致断灭。真能如此，则不愧对古人矣。

《老子》曰："多言数穷，不如守中。"如济如今老病交加，唯以念佛往生为念。闲暇时烧水煎茶，以领略古人风雅情怀。如果说饮茶有道的话，大概这也是茶道的一种追求吧。

不知什么时候天色已然放晴，茶汤已冷，香韵犹在。荷花瓣上有点点珠泪，是昨夜清露？是洒落茶汤？不得而知。鸟鸣声声，虫声四起，我抬头望着远方隐匿在云雾里的终南山峰，目光不觉有些黯然。

修心怡情

  万物生，这也许是东方乐器创生所遵循的生命哲学，它与金属乐器所形成的气场、能量和审美有着明显的不同。在南山如济对琴的热爱和体悟中，琴的声音是可以养心的，五蕴、五音是我们与宇宙联系的一种方式。东方世界的乐器的本质在于让内在的心发声，让万物发声。星辰、大地、沧海都可以发出无尽的妙音，一切音声将无量无边世界的光明本性唤醒。正因为如此，琴音对我们的身心才有如此大的影响。调琴即是调心，五音即是空境，南山如济的琴声也许正是如此。

  千竹庵，主峰在望，身在山中或在云中，抚琴而坐，山风如梦，万物和大地似乎都是圆融无碍。一张琴演绎天地间的音声，要风有风，要雨有雨，一炷香、一张琴、一朵云、一碗茶，不留一丝枯肠，不写一笔腐朽。

  竹庵的水池被大风吹拂，南山如济的琴声如云朵升起，如果是在春天，桃花的香气会让你陶醉于这一片音声之海。这一琴曲宛如沧浪之海，漫天花雨，余味有千竹庵春光的呢喃。琴的清静之音，汇成无边无量的音声之海，谱尽无尽曼妙言辞。木质的琴体、金属性的琴弦，在千竹庵的世界里，我们可以听到金、木、水、火、土的本来音声，这是尘世最美的音乐。

  眼耳鼻舌身意、色声香味触法，万般世间滋味都在这琴声中显现，如莲华不着水，如日月不住空，让人感叹生命如白驹过隙。畅快淋漓的一壶茶下肚，不知道何处是自己的家乡。

听琴

如济居落成后,我将一把"师旷"式古琴带到山上。这张琴的品相、声音都很一般,但在山居空闲时偶尔抚弄,已经足够了。

琴桌是山民遗留下来的一张旧木桌,配上同样破旧的一把椅子,就可以置琴抚琴了。

如济居东、西两面各有一条沟,东面的叫"闻棋沟",据说因汉末张良隐居紫阁峰,与仙人对弈,声音一直传到这条沟底而得名。西面的称"琴涧",也作"秦涧"或"清涧",到底是哪个字,山民说不清楚,也无从稽考。但据东面称做"闻棋沟"来推测,似乎称"琴涧"更有道理一些。

琴涧如今只剩下一条小沟,原本有水,从山上一直流下来,泉声淙淙,真有些琴韵的清泠味道呢。那一年如济居引水,在山腰处截流蓄池,琴涧的水就很小了,也听不到淙淙流水声了,很遗憾。如果有一天如济居能从其他地方引泉水过来,我们一定要将琴涧水流恢复,到时候琴音配合水声,尤妙。

据说晋代陶渊明常蓄无弦琴一张,偶一抚弄,最能得意。并作诗曰:"但识琴中趣,何劳指上声。"至哉斯言,可谓深得山居滋味。

如济赘语:

弹琴,也是山居不可或缺的雅事之一。

琴文化起源甚古,据传伏羲氏制琴,神农氏作曲,初为五弦,周

文王、武王各增设一弦，成为七弦，遂成定式。蔡邕在《琴操》里说："昔伏羲氏作琴，所以御邪僻，防心淫，以修身理性，反其天真也。"而《乐记》则记载说："昔者舜作五弦之琴，以歌南风。夔始制乐，以赏诸侯。"关于古琴，我国第一部诗歌总集《诗经》里也有记载。如《周南·关雎》："参差荇菜，左右采之。窈窕淑女，琴瑟友之。"《郑风·女曰鸡鸣》："琴瑟在御，莫不静好"等，都提到了琴这一古老乐器。

山居置琴、抚琴、听琴，自然以简朴雅洁为主，不必如世间人那样，铺排讲究。春雨、夏月、秋夜、冬雪时分，都可以弹琴。抹挑勾剔，吟猱绰注，漫漫寒夜里，忽然抚得寥寥两三声，最为有味，最为得意。唐代诗人白居易有《弹秋思》诗曰："信意闲弹秋思时，调清声直韵疏迟。近来渐喜无人听，琴格高低心自知。"琴声只是为了抒写弹琴人胸中的意趣，至于别人能否听懂，反倒在其次了。

王维《竹里馆》也提到了弹琴："独坐幽篁里，弹琴复长啸。林深人不知，明月来相照。"该诗可与他的另一首诗《鹿柴》和起来读："空山不见人，但闻人语响。返景入深林，复照青苔上。"空山无人，竹翠苔青，诗人独坐林中，弹琴吟啸，日暮方归，而山月清辉已经落满衣袖了。

近代以来，因为人所共知的原因，琴这件浸润着中华文明近五六千年的乐器，渐渐远离了我们的视野乃至记忆，实在是件很悲哀的事情。这些年来古琴文化普及、推广力度很大，但效果甚微。究其缘故，大概是大众文化需求普遍尚未到达"温饱"层面吧。

其实，琴自古就是文人士大夫自娱自乐的道器之一，抚琴如同插花、挂画、饮茶、焚香这"四般闲事"一样，并没有特定的普世情怀，只是作为一种个人修养消闲的生活方式，聊抒精神寄托而已。非要将之普及推广，甚至作为普通民众的文化生活内容，恐怕是曲高而和寡，难以达到目的吧。

王维《竹里馆》诗中的"长啸"，指"蹙口而呼"。《说文解字》里解释说："啸，吹声也。"相传"竹林七贤"之一的阮籍善啸，《世说新语》说他酒后纵兴长啸，韵响嘹亮。后人将之与嵇康弹琴并称为"嵇琴阮啸"。

另据《五灯会元》记载，唐代药山惟俨禅师也善长啸。有天晚上禅师登山经行，忽然云开月见，于是大啸一声，声音响应澧阳以东九十里地。朗州刺史李翱拜见药山禅师时赋诗赞道："选得幽居惬野情，终年无送亦无迎。有时直上孤峰顶，月下披云啸一声。"

可见，山居、抚琴、长啸，都被视为雅事。弹琴我稍稍会一些，长啸却始终没有学会，大概是我个性过于拘谨的缘故吧。

前年将"南无阿弥陀佛"六字洪名谱入琴谱，现在习琴开指都用这支曲子，既练习了指法，也持诵了佛号，又能使听闻者种下佛号金刚种子，可谓一举三得。只此"阿弥陀佛"一曲，时时拂拭，刻刻精进，大概最有山居意味吧。

围棋

如济早年也曾学过下围棋，但因其杀伐之状太过激烈，故一直未肯用心。诸多定式、棋谱，如今也已经完全忘记了。

如济常言，围棋不可常下，但棋盘棋谱不可不备。所以斋中常年设有棋盘一方，棋子两盒，棋谱数种，虽然已经多年未曾动过，却始终稍具棋意。这已经足够了。

如济居至今没有摆放围棋，因为我担心这样杀伐之意过重的器具会破坏山上的祥和与宁静。《老子》曰："夫兵者，不祥之器。物或恶之，故有道者不处。"（《老子》第三十一章）而且攻角飞边，劫杀破眼，俱非仁者所为。倘若日日沉迷在黑白子世界中而忘记饮茶读书、参禅念佛，其罪尤重，不可不慎也。

如济尝言："满天地都是眼，何必在棋盘上拼死做活？"

盖有感而发也。

如济赘语：

在中国古代，琴棋书画被称为"书斋四事"，是读书人必不可少的娱乐项目。这里的棋，就是指围棋。

下围棋，古代称"弈"，相传距今已有4000多年历史。据《世本》记载，围棋为尧帝所造。《路史后记》中说，尧帝之子丹朱生性顽劣，尧帝行至汾水之滨，见到二仙人对坐翠桧之下，划沙为道，黑白行列相间如阵图。尧帝上前问全丹朱之术，其中一仙人回答："丹朱善争而愚，当投其所好，以闲其情。"于是指着沙阵图说："此谓弈枰，亦名围棋，局方而静，棋圆而动，以法天地，自立此戏，世无解者。"可见围棋最早是用来教化世人的，以迎合其竞争杀伐之心，并开发智慧。后世所谓的"手谈""坐隐""对局"等美称，都源于此。

南朝《述异记》记载有"烂柯图"传说："晋樵夫王质，入石室山，观二童子下棋，不觉斧烂柯矣。质归故里，已及百岁，无复当时之人。"

"赌棋亭"的故事则发生在宋代陕西华山。华山清虚洞前有一孤峰，峰顶上有铁瓦亭一座，铁棋一枰，据说宋太祖赵匡胤曾在这里和陈抟老祖对弈三局，落败后，便将华山输给陈抟，铁瓦亭遂得名"赌棋亭"。

到了清代，围棋国手辈出，黄龙士对局徐星友的"血泪篇"，施襄夏对弈范西屏的"当湖十局"，堪称中国围棋史上最为惨烈的棋局。围棋后来流传至东瀛、韩国，发展成为风行亚太地区乃至世界的"亚洲围棋"。

围棋规则虽然简单，但落子空间却十分广阔，棋局变化多端，这大概正是围棋的魅力所在吧。然而真正吸引人的，乃是蕴藏其中的重重杀机。

首先布局，然后或守或攻，棋枰上的搏杀就此展开。落子前一定要仔细斟酌，计算下一步形势。据说会下棋的人能看到后十步的棋局变化，这完全靠"心算"。否则一着不慎，就会落得满盘皆输。我过去下棋不大会计算，因为太过耗费心力。对自己的"阵地"也不大注重，不就是让给对方一个角、一条边、几枚棋子吗，只是纸上谈兵，没有必要斤斤计较。有了这样"豁达"的胸怀，每每对局，自然就屡屡败北了。

中国有句俗语："人情如纸张张薄，世事如棋局局新。"仔细想想，我们身边的人、事、物只不过是一局棋，社会环境是棋枰，游戏规则是棋谱，每个人都是一枚小小的棋子。至于是黑子还是白子，这要看对局时彼此的约定了。

既然我们的生活本身就是一局棋，再在棋枰上"复盘"，似乎就显得有些多余了。

如果从佛法角度看,竞争其实就是私欲的具体表现。每个人都希望实现自己的私欲,传统的道德操守没有了,人与人之间的礼让、诚信没有了,剩下的只是赤裸裸的权钱交易。

《孟子》里记载了孟轲游说梁国的情景。梁惠王看到孟轲来了,很高兴,说:"孟老夫子,您不远千里到梁国来,一定有使梁国获利的好主意吧?"孟轲立刻板着脸说:"大王何必只说利呢!天地间也有仁义存在呵!"这句话,值得我们仔细思考:我们生活在这个世界上,仅仅是为了满足一己之私吗?

孔夫子最早提出"克己复礼"这一观点。克己,就是要克制个人的私欲;复礼,从广义上说,就是要讲究仁义道德。佛家也有布施、持戒、忍辱、精进、禅定、般若六度的说法。布施、持戒、忍辱是克己,精进、禅定、般若是复礼。可见古圣先贤教导后人的道理其实是相通的,并无二致。正如《金刚经》中说的:"一切贤圣,皆以无为法而有差别。"

可惜我们已经完全忘记了古圣先贤的教诲,时刻沉迷在黑白颠倒的虚妄世界里,尔虞我诈,钩心斗角,布防攻略,破眼杀气。以天地为棋枰,以众生做棋子,美其名曰"竞争",其实只是逞一己之私欲而已。

明白了这个道理,就应该从迷失颠倒的"棋局"中解脱出来,这叫做"看破"。看破后还要放下,不但要放下手里的棋枰、棋子,更好放下心里的棋枰、棋子,否则只是"理上能看破,事上放不下"。

真的能够看破、放下,不再贪恋世间名闻利养,就能够过清贫生活。清贫生活里没有纵横十九道棋路,没有棋谱规则乃至潜规则,也不需要事先约定执白或者执黑，也不需要守角固边，也不需要截杀破眼。不用布防，不用收官，不用弃子提子，也不用贴目。清贫生活是平实的，劈柴、运水、烧火、煮茶，蒲团静坐，茶盏相对，参禅念佛，精进不懈，在季节更迭中走完人生旅程，在声声佛号中往生西方极乐世界——西方净土里没有棋枰。

坐在南山亭里，看山间云飞云散，听世间车轮滚滚，我常常会问自己：真的能彻底放下心中这一局棋吗？

笔墨

山居闲雅，耕读之余，偶尔挥毫泼墨。山居写画，除了聊抒性情外，主要用来遮窗糊壁。浅水短松，粗疏墨迹，难入时人法眼；勾勒点染，满纸烟霞，最与茅屋相应。短瓦坯墙，张贴数幅粗纸残墨，堪与白云流连；老木横窗，涂刷几句禅诗偈颂，能引青山入室。

曾有友人登临如济居，看到土墙上墨迹残存，纸张破损，不觉感言："原先听先生说，书画用来糊壁，还不大相信。今天亲眼看到，果然所言不虚。只是有些可惜了！"

如济笑道："你我寄居在这个世界上，风霜雨雪，阴晴晦朔，乃是天地间最精妙的书画。造化无私，让这样精妙的书画尽入山窗，尽收眼底，与之相比，世人所谓书画只是摹写其形容之万一而已，即使尽皆弃之，又有什么可惜呢？"

友人闻言，点头称善。于是煎水瀹茗，言谈甚欢。乃作歌曰：

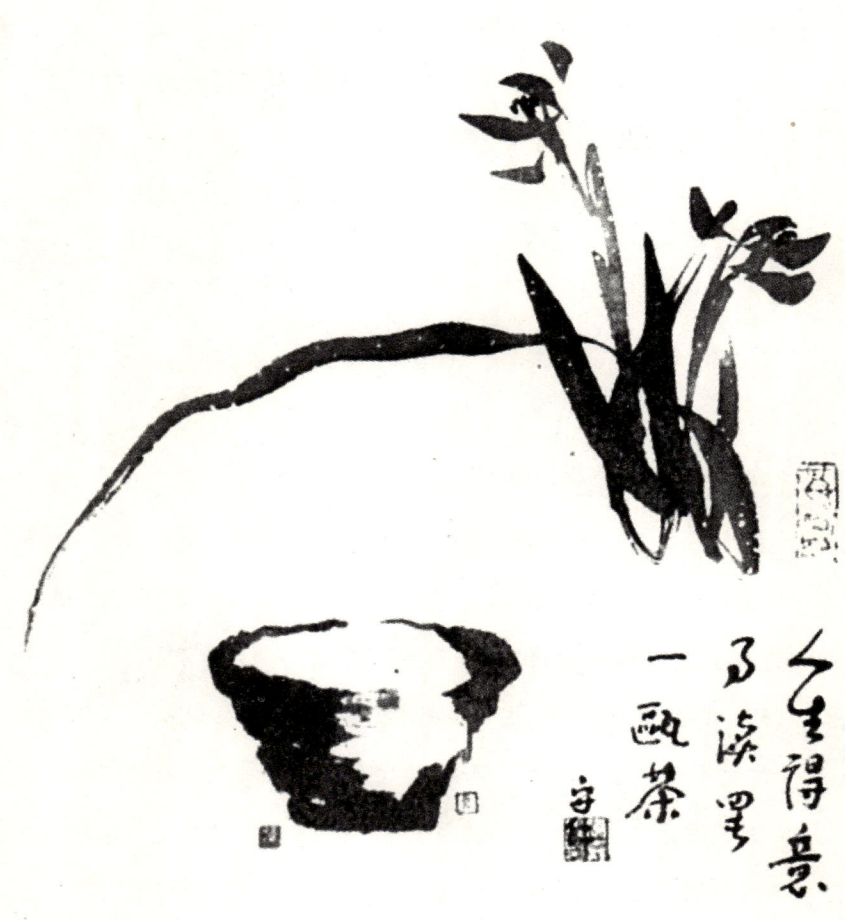

大块载物兮,造化无私。

赋形寓居兮,四时推移。

笔墨闲事尔,可遮窗糊壁。

如济赘语:

人生在世,无论是偃蹇还是通达,所得滋味,其实只是一个"闲"字。读书是闲,煮茗是闲,鼓琴是闲,书画也是闲。闲时能闲,忙时也能闲。山居更能得闲中之闲。至于季节更迭、风霜雨雪,也只是一个"闲"字。而世之所谓书法绘画,所谓笔墨者,其实只是闲人闲时所为闲事而已。

书法绘画,摹写的是天地的形象,寄托的是作者的情感。天地无名,要藉着书画来立名;造化有道,要藉着书画来宣道。清代著名画家石涛子曾说:"太古时期是没有法则的,所以天地间道德具备。等到道德堕落了,法则也就制定出来了。这些法则是如何确立的呢?立于一画。一画是世间万事万物的根本。"举凡山川蓊郁,江河浩渺,草木繁盛,众卉欣荣,都可以形诸笔墨。重要的,只在此"一画"而已。

这"一画",不仅凝结在笔墨间,更蕴藏在每个人心底。

《大学》里说:"自天子以至于庶人,壹是皆以修身为本。"

老子《道德经》里说:"道生一,一生二,二生三,三生万物。"

世尊在《金刚般若波罗密经》里说:"如来所说三千大千世界,即非世界,是名世界。何以故?若世界实有者,则是一合相。"

所以无论修身、修心还是修道,都首先要达到"一"的境界。"一",乃是天地万物呈现在我们眼前的根本形象。

明白了这个道理,即领悟了书画三昧。纵然只有一笔一画,已足以宣示自然造化的奥秘。否则，纵然满纸云烟，只是为自然山川摹影写真而已。

据《景德传灯录》记载，六祖慧能说法的时候，蜀僧方辨前来参访。六祖问他："您平时都擅长做什么事情啊？"方辨答道："善雕塑。"六祖正色说："那你雕塑看看。"方辨不知六祖真意。过了几天，塑了一尊六祖真身雕像，高有七寸，惟妙惟肖。六祖笑道："你善雕塑，但是不解佛性。"就为方辨摩顶授记，并以袈裟相酬谢。

所以山居书画，只是聊借自然山川形象，抒写自己心中的一些感悟而已。

山居或者茶室里所悬挂书画，应该以历代高僧大德、山林隐逸之辈的墨迹手卷为珍贵，纵然一笔一画，亦如遇故人。俗世间所谓"书画"作品，即使被炒作到了天价，也不值得珍视，更不用说悬挂在山居或者茶室里了。

现在是一个急功近利的时代，一个"审美趣味"低俗的时代。人们不但失去了审美之心，也失去了审美的眼光。

千利休跟随武野绍鸥学习茶道的时候，有一天，绍鸥让利休去打扫茶庭。利休来到庭院，只见青翠的绿苔映着洁白的步石，庭院里很干净，甚至看不见一片落叶。

利休毫不犹豫地走到一棵树下，轻轻摇落了几片树叶之后，对绍鸥说："我已经将茶庭打扫干净了。"

绍鸥看看茶庭，又看看利休，点了点头。他知道，千利休已经完全具备了茶人所应有的审美趣味。

有一次，千利休随同老师武野绍鸥去参加茶会，途经一家茶道具店时，绍鸥对一只双耳花尊很感兴趣。因为还要参加茶会，不方便购物，绍鸥决定回来时再买。

茶会结束后，千利休抢先了一步，赶到茶道具店买下了那个花尊，随后邀请绍鸥来自己家里品茶。绍鸥来到千利休的茶室，只见那个花尊已摆放在茶龛里，但已经残破，只剩下一个耳饰了。

"这样的残缺之美是茶人应该追求的，如果我买了这只花尊，也会敲掉一只耳饰。"

绍鸥望着茶龛里残缺的花尊，如是说。

这样的清寂情怀和审美趣味，或者值得我们借鉴。

听雨

山居听雨是件雅事，特别是在南山亭听雨。

山上很静，除了风吹鸟鸣以及偶尔的人声犬吠外，几乎没有其他声音。这时候念佛、诵经，或者煎水煮茶，自然就很专心，也很受用。

或许是海拔高的缘故，山中的雨并不大，风势却很猛烈。"山雨欲来风满楼"，这样的景象只有在山中居住过的人才能够领略到。

雨通常是细细密密地洒落下来，人坐在南山亭里，听潇潇雨声，心里充满喜悦和清凉。山中雨势虽然不大，但下雨范围很广，远山近岭都沐浴在迷蒙雨雾里，湿淋淋、沉甸甸的，充满生意。

《妙法莲华经·药草喻品》："譬如三千大千世界，山川溪谷土地所生卉木丛林及诸药草，种类若干，名色各异。密云弥布，遍覆三千大千世界。一时等澍，其泽普洽卉木丛林及诸药草。小根小茎小枝小叶；中根中茎中枝中叶；大根大茎大枝大叶。诸树大小，随上中下各有所受。一云所雨。称其种性而得生长，华果敷实。"

这段经文我非常喜欢，每每读来，都有一种发自内心的清凉和喜悦。如果您在山中住过一些日子，或许也能领略其中况味。

如济赘语：

喜欢雨季，大概是因为生长在北方，雨水较少的缘故吧。

记得小时候，关中地区雨水很多，每到秋季，村庄总会被泛滥的河水包围。村庄周围是一圈夯土筑成的高大"旱台"，因为年代久远，台上榆树、槐树、椿树成群，都有碗口粗细，而酸枣、枸杞就更多了，看上去很茂密。

小时候并不喜欢下雨。满村落的泥泞、肮脏暂且不说，单单坐在土屋里听雨就已经很令人烦心了。下雨天大人们依然有事干，白天基本没有多少空闲时间。我那时候年纪很小，也不能念佛诵经，也没有书看，更不用说看戏、看电影、电视了。不过孩子们自有乐趣，各种简单游戏总能占据大半天时间，除了下雨天。

下雨天我也有自己的娱乐方式——看小人书。因为父亲是中学老师，所以家里各种书本多少还有一些，自己又特别喜欢收集，下雨天看小人书、读小说成了我小时候的"奢侈"生活。但更重要的，是因为下雨天不用下地干农活了。那时候年纪很小，也就十一二岁的样子，但除了割草、打柴、捡牛粪，还要和大人一起下地干活挣工分，都是些很辛苦的事情。

说到小时候的事情，真的很辛酸。好在自己个性坚强，特别能吃苦，再苦再累也就不觉得了。唯一能慰藉我的就是读书。书中的人和事，以及小时候那些很奢侈的"梦想"，现在回想起来就像做梦一样。《金刚经》中所说的："一切有为法，如梦幻泡影，如露亦如电，应作如是观。"这四句偈对于我而言，最能心领神会。

"人之初，性本善。性相近，习相远。"这是古代儿童启蒙读本《三字经》开篇的一段话。我小时候最早读到的最多的就是"好好学习，天天向上"了。唱的歌是"我爱北京天安门""学习雷锋好榜样"以及"东方红，太阳升"等。这样的教育使我从小就不信佛教，虽然爷爷奶奶都是当地"居士"，家里也有佛堂，也有很多佛经，但我从来都没有正眼看过。甚至读大学后，对佛教依然抱着轻视甚至鄙夷的态度。

我现在常常说自己"业障深重"，又说"共业所感"，都是真心话。很多人除了金钱和权力，什么都不相信，这就是佛陀所说的"断灭见"，很难教化。这些年国家富裕了，民众生活改善了，许多人开始相信佛教，然而在我们的内心深处，真的完全相信了吗？

信佛，很难啊，绝对不是件容易事。不但要相信佛所示现，也要相信佛所说法，也要相信正信的出家僧众。这就是我们常说的皈依佛法僧"三宝"。不但要在仪式上皈依，更要在自性上皈依。

信佛，要相信佛所说的一切经典都是真实不虚的，不能有丝毫怀疑和夹杂。世尊在《阿弥陀经》中说："尔时。佛告长老舍利弗。从是西方。过十万亿佛土。有世界名曰极乐。其土有佛。号阿弥陀。今现在说法。"读了后我们就应该相信：西方极乐世界是真实存在的，只要一心持诵"南无阿弥陀佛"六字洪名，就能往生。蕅益大师给自己取别号"西有沙门"，就是这个道理。

信佛，要相信人人都具佛性，只因妄想分别执著，而不能证得。

如何证得这个人人本具的"佛性"呢？宗门教下法门很多，众多法门之外，净土宗的"念佛法门"被视为易行难信之法。为什么难信？说实话，不是因为这个法门难信，而是因为我们的善根福德因缘尚未具足，不能完全相信。真的具足了，自然也就心开意解、欣然接受了。佛法讲因果，最大的因果就是念佛是因，成佛是果。正如《大势至菩萨念佛圆通章》说的："若众生心。忆佛念佛。现前当来。必定见佛。去佛不远。"

佛陀出世，随宜说法，如大云兴，如大雨澍。芸芸众生如同久已枯槁的卉木草丛一样，期待着雨水重新灌溉和滋养。然而泥泞依然，肮脏污秽依然。我们能分享到佛法的甘霖吗？

"世界本来清静。没有泥泞，没有污淖，也没有秽恶，只是我们的自心还没有拭净而已。"

我端坐在南山亭里，望着迷蒙雨雾，心里默默道。

烹雪

下雪天烹雪煮茶另有一番情趣。

煮茶要在屋里，先烧热一盆炭火，大家围着火盆坐下，然后开始煎水煮茶。

水当然要用雪水。

说到烹茶取雪，也很有讲究：要在雪落下有半寸厚以后去取，先刮去表层积雪，然后取距离地面约五分之一处的积雪，这样的雪很洁净,用来烹茶很好。此外,要选择山石、露地或池塘边的积雪,而不要用茅屋、草垛以及山道上的,以免沾染异味。《红楼梦》中所说的收取梅花上的积雪,那是小说家言,不足为凭。如果有条件,可在冬天多收集一些积雪,贮藏在水缸中,第二年开春也可以煮茶。至于用窖藏多年的雪水云云,同样不足取。

雪水煮开后,就可以煮茶了。不能用雪水泡茶,还是煮茶好。雪水性寒,以免伤及脾胃。

茶汤分好后,每人一碗,就着火盆品饮,滋味很难用言语来形容,唯有会心者或可领略一二。

如济赘语:

昔我往矣,杨柳依依。今我来思,雨雪霏霏。

这是《诗经·采薇》里的句子。不知为何,每每吟诵此章,我总会把它和"灞桥风雪驴背"联系起来。孙光宪《北梦琐言》记载了唐代诗人郑綮的一段轶事:"相国郑綮善诗……或曰,'相国近有新诗否?'对曰,'诗思在灞桥风雪驴子上,此处何以得之?'"虽然是句玩笑话,古人雅洁孤高的诗怀于此可见一斑。

我们生活在这个世间,虽然有种种不如意事,但保持快乐优雅的情怀至关重要。我们生存在一个"堪忍"的世界,虽然苦,但可以忍受,可以修行。所谓修行,就是要将我们过去生的种种知见和习气修正过来。

修行要从平常日用着手,从起心动念处着手。禅宗讲"参话头",也是这个意思。

在这个"堪忍"的世间修行,需要很大的决断力和定力。要时刻保持正念，保持优雅高洁的情怀，如同莲花一样，出淤泥而不染。

要保持优雅高洁的情怀，首先要过清贫的生活。

清贫的生活无欲无求，一瓢水，一钵粥，一榻绳床，一坐蒲团，一卷经书，一句"阿弥陀佛"圣号，已经很富足了。除此之外，皆为奢侈之物。

古语里说的"箪食瓢饮""身无长物"等典故，都是讲古代读书人的清贫生活的。

如今困惑我们的不是物质匮乏，而是拥有太多。譬如茶碗，我就有十几个，中国的、日本的、韩国的，还有一些据说是古代遗留下来的。但我最常用的也就一两盏而已。这都是贪欲之心依然炽盛的缘故呵，说起来很惭愧。

清贫生活仿佛冬天的一场大雪，不但能洗去山林浮灰，也能洗净大地污垢。将贪、嗔、痴、慢这些无名烦恼彻底清除掉，智慧才会逐渐显露出来。就仿佛漫天大雪里，梅花冲寒冒雪，倾吐出缕缕馨香。雪压冻土，待到来年冰雪消融，迎来的是满山青翠和芬芳。

采薇采薇，薇亦柔止。曰归曰归，心亦忧止。

那一年冬天似乎很漫长，雪特别大，洛阳城被大雪拥堵住了。洛阳令雪后巡视灾情，见家家户户都扫雪开路，出门谋食。只有大名士袁安家门口大雪封路，没有一丝生气。大概袁先生已经冻饿而死了吧，洛阳令心里一边这样想着，一边命人除雪入户。袁先生没有死，他僵卧在床榻上，奄奄一息。洛阳令扶起袁安，问他为什么不出门乞食。袁安答道："大雪天人人又饿又冻，我不应该再去打扰别人！"洛阳令嘉许他的品德，举为孝廉。

大约两千年后的一个冬天，时年六十二岁的虚云和尚来到终南山狮子茅棚。他烧红了石灶，支起一口铁釜，准备煮山芋充饥。柴门外寒风呼啸，雪大如席。他跏趺而坐，等待芋熟。新年到了，山下传来鞭炮的声音。邻近茅棚的几位出家人前来贺岁，看到狮子茅棚前满是虎狼之迹，以为虚云和尚遭了难。推开柴门，发现老和尚已经入定，用引磬开静后，老和尚很客气，说："大家一起坐下来吃山芋，我上坐时煮的，估计已经熟了。"打开锅盖，发现铁釜中芋头霉厚寸许，坚如冰石。原来他入定已经二十多天了。

雪越下越大，神光依然站立在山洞外，雪已经将他的身子完全封裹住了。达摩禅师默默看了他一眼，叹了口气，问："你到底有什么事？"神光的身体已经僵硬，心里空空如也。他来到达摩座前，说："弟子心中不安，求和尚安心。"达摩伸出粗糙的手掌："将心拿来，为你安。"神光答："我没有找到自己的心。"达摩瞪了他一眼："我已经为你安心了！"神光立刻恍然大悟，身体似乎也暖和起来，他跪地行礼，泪如泉涌。山洞外大雪纷纷，如银团花簇，山河大地覆盖在皑皑白雪下，蕴藏着新的生机。

采薇采薇，薇亦作止。曰归曰归，岁亦莫止。

烹雪是一种雅趣和情怀，非关贫富，非关闲忙。古今殊异，落雪不同，但赏雪的心情应该没有改变吧？

"黄狗身上白，白狗身上肿。出门一呀喝，天下大一统。"这是强人诗，皑皑白雪掩盖不住贼心贼胆。

"已讶衾枕冷，复见窗户明。夜深知雪重，时闻折竹声。"（唐·白居易《夜雪》）这是雅士诗，满室清寒难掩诗人内心的喜悦。

"忽如一夜春风来，千树万树梨花开。"（唐·岑参《白雪歌送武判官归京》）这是边塞诗，是只有盛唐才有的赏雪诗句，清健挺拔，似闻雪寒梅香。

"垂钓板桥东，雪压蓑衣冷。江寒水不流，鱼嚼梅花影。"（清·释敬安《题寒江钓雪图》）这是隐士诗，从清寒境界中嚼得满齿清香。

"山厨寂寂断炊烟，冻锁泉声欲雪天。面壁老僧无定力，又思乞食到人间。"（元·石屋清珙《山居诗》）这是禅者之诗。所谓禅悦之味，大概就是诗中所蕴藏的意味吧。

用古人诗句烹雪，以慈悲喜舍入茶，大概最能得茶汤真味吧？

我端坐南山亭上，等待冬天的第一场雪。大雪过后的来年春天，提着竹篮，好去山间采薇啊。

敲冰

据唐《开元天宝遗事》记载："逸人王休居太白山下，日与僧道异人往还。每至冬时，取溪冰敲其晶莹者煮建茗，共宾客饮之。"王休是唐代有名的隐逸之士，传说他"不亲势利，常与名僧数人，或跨驴，或骑牛，寻访山水，自谓结'物外之游'。"

如济居春夏秋冬四季水泉不绝，即使是在寒冷的冬天，也很少有断流的时候，所以不存在敲冰煮茗的典故。如果非要去敲，难免有附庸风雅之嫌。但如济曾在其他峪中敲冰煮茗，大概能领略其中风味。

那时候正是冬天最寒冷的时候，如济和几个朋友一起进山，到了营地准备午饭时，才发现附近的小溪已经结冰冻住了，没有一点水。无奈，只好用铁锹将冰层砸碎，取出冰块，放到锅里化开后煮沸，才可以做饭。

取冰很难，我们花了近半个小时才弄了大半锅冰，我又收集了一小壶看上去尚"晶莹"的冰块，以备煎水煮茶。

说实话，这样煮出来的茶汤并不好喝，因为小溪结冰已久，难免沾染土气及腐叶朽木气息，滋味不纯净。回想王休当日取冰，一定是在溪边，溪水清澈，流动不息，只溪岸边结着一层薄冰，他敲取这样的冰煎水煮茗，可谓取山水之精华，自然能发茶香、益茶味了。

如济赘语：

说到敲冰煮茶，那也是山居风雅之事，一说心里便已经有种清冷的感觉了。

冰是水泉的精华，质轻于水。煎茶用水讲究四个字：清、活、甘、冽。山泉水清、活、甘这三德都可达到，唯有"冽"的境界难以企及。冽，从字面上理解，也就是清而冰冷的意思。《易经·井卦》卦辞说："井冽，寒泉，食。"张衡《东京赋》中说："玄泉冽清"。所以水泉结的冰花可以说是四德具备，很适宜煎水烹茗。

唐代诗人马戴有一首名为《寄云台观田秀才》的七言绝句："云压松枝拂石窗，幽人独坐鹤成双。晚来漱齿敲冰渚，闲读仙书倚翠幢。"这里取的是堤岸河渚的冰凌，敲冰漱齿，表现了诗人高洁的情怀。

茶人陆龟蒙在《子夜四时歌·夏歌》中吟诵道："兰眼抬路斜，莺唇映花老。金龙倾漏尽，玉井敲冰早。"这里取的是井水精华，清冽异常。

宋人有一首《深冬》诗，清冷可喜，其中有句曰："春意一炉红榾柮，故人两坐绿蒲团。敲冰自换瓷瓶水，浸取梅花仔细看。"冰清玉洁中添得梅香一节，耐人嚼味。

敲冰有讲究，煮冰也有讲究。冰块融化后沉淀一两个时辰，然后添入砂铫中，底根水弃之不用。待得砂铫中松风急鸣、水近初沸时，舀半勺山泉水进去，至三沸时提铫离火，冰水也就煮好了。这样煮出的冰水不会过于轻浮和凝滞，而有着山泉沉着鲜活的味道。

除了山泉水凝结的冰凌外，又有江河湖泊上的冰块，又有峡谷溪流里的冰川，又有冰山、冰峰、冰柱、冰溜等。采取洁净的冰块，都可以用来煎水瀹茗。

我常常在想，水和冰虽然形状、名称不同，但到底是同一种物质。有人说冰是水的精华，是水的沉睡。也有人说水是冰的眼泪，是冰的觉醒。然而无论如何，水和冰的本质并没有变，是一不是二。

冰成于水，最终又融于水。冰只是水的禅定而已。

我们每个人的心里也是如此。当没有任何思虑的时候，空明澄净，就仿佛是清水。接触到外面的人事物了，心思动荡、散乱，就仿佛是浑水。遇到大的劫难或者苦痛时，心扉关闭，城池固封，坚若寒冰。但无论是清水、浊水还是坚冰，这个能思虑、能动荡，甚至能冰封的心，其实只是一个，没有增减。

正如《心经》里所说："不生不灭，不垢不净，不增不减。"是一不是二。

我们的心本来是赤子之心，无知无识，无喜无忧。老子《道德经》里说："专气致柔，能婴儿乎？"又说："含德之厚，比于赤子。"所谓"赤子之心"，就是我们的本心、初心，没有染污，没有增减。随着知识积累，随着涉世日深，心里盛放的东西越来越多，我们渐渐失去了赤子之心。用佛教的话来说，就是我们的真心被外面的五欲六尘所染污，真心变成了烦恼心，称做"我执"。烦恼日深，知见日增，形成了自己固定的见解，称做"我见"。我执、我见即是无明——失去了赤子之心。

要恢复我们的赤子之心，就要破除我执和我见。我执和我见仿佛是坚冰，只有融解了，才能回归空明澄澈的水的特征。

要融我们内心的坚冰，必须依靠佛法的光和热。

佛在《妙法莲华经》中说："诸佛世尊唯以一大事因缘故出现于世。舍利弗，云何名诸佛世尊唯以一大事因缘故出现于世。诸佛世尊欲令众生开佛知见使得清净故。出现于世。"

只有善根福德因缘俱足，皈依佛法僧三宝，才能与诸佛如来感应道交，蒙佛力加被，破除烦恼，使自性清净重新呈现出来，破除心中坚冰。

只有我们每个人心底的冰冻彻底融化了，才能真正感受到佛法的温暖和慈悲。

破除心里的坚冰易，破除知见上的坚冰难。

因为时事环境的缘故，我们的许多知见都非正见，有些是邪见，更多的是断灭见。我们的思虑、语言、行动，无不受知见影响。我们禁锢在知见的坚冰里，不得自由。

要彻底破除知见上的坚冰，需要抛弃固有的思虑、知识和文字，离群索居，过清贫生活。或依止山林，或穴居岩处，在大自然里完善自己的道德情操和人格尊严。

抛弃现代文明，回归自性，回归大自然，沐浴在东方传统文化的重重雨露里，蒙被佛陀慈光温暖，在现世生死中重获涅槃。

冰泮融化称做"冰泮"。泮，就是消融的意思。晋·左思《蜀都赋》："木落南翔，冰泮北徂。"；唐·孟浩然《自浔阳泛舟经明海》诗："遥怜上林雁，冰泮已回翔。"都用到了"冰泮"一词。

冰泮是一个漫长的过程，其季节环境很重要。如果没有好的机缘，很难消融内心的坚冰。

如果我们真的能够彻底消融内心的坚冰，知见上的坚冰，此时煎水烹茗，大概最有意味吧。

且做歌曰：

  寒气凛冽兮欲雪，江河凝滞兮冰封。

  泥炉小鼎兮初沸，玉盏冰瓯兮瀹茗。

  枯林冻草兮催折，解衣僵卧兮休征。

（注：晋代人王祥，字休征。）

临风

如济居山上的风并不大，很少有山风怒号的时候，想来还是和海拔高度有关吧。

风从远山近岭缓缓吹来，在山亭泉石间稍作停留，便施施然离去。不怒、不争、不张，很有些谦谦君子的风范。

宋玉曾将天地间的风分为大王之风与庶人之风。大王之风"起于青苹之末……徘徊于桂椒之间，翱翔于激水之上……然后徜徉中庭，北上玉堂，跻于罗幢，经于洞房，乃得为大王之风也。"庶人之风"起于穷巷之间，堀堁扬尘，勃郁烦冤……邪薄入瓮牖，至于室庐。"

如济居山上的风应该算是隐逸之风吧。

如济居的风虽然不大，但常常使人有登高临风的感觉。特别是清晨或者傍晚时，山亭独坐，群峰默对，有风飒然而至，去溽热，涤尘嚣，使人襟怀为之一开。此时啜茗汁一碗，吟古诗数章，真有羲皇上人之意。

曾有《南山诗》曰：

久矣拘尘网，神情两不欢。

茶汤清且淡，琴韵直而宽。

穆穆和风至，即此念南山。

盖山居实录，非尘世间冷热语也。

如济赘语：

终南山茅棚虽然简易，但其选址、修建也要讲究。

佛教将地、水、火、风称做"四大"，是构成我们自身及周围环境的基本要素。自然界有风，我们身体里也有风。身体里的风称做风大。佛经中解释说："风，以动转为性，谓出入息及身动转，名为风大。"我们的呼吸、运动以及思维活动，都可以归属为风大。如果风大失调，身体，甚至思维就会出现障碍。

俗话说：人活一口气。这一口气，就是风大运行的结果。

居处环境风大出现问题时，也会影响到人体风大。医学上称做风邪入体，能引起生理疾病。

过去紫阁峪里住着一位老修行，已经六十多岁了，他修行很用功，但身体总出问题。有一次，我在山道上遇见他，说了会儿话，他邀请我到他的茅棚里坐。茅棚建在风口上，溪谷里的风回旋后都聚集到了这里，夏天尚算凉爽，但到秋冬之际就阴寒无比。长期在这样的环境下居住，即使肯用功，身体也跟不上。后来这位老修行离开紫阁峪,听说回了老家。说起来很可惜,因为不懂得"风水",空费了几年住山修行工夫。

现在大家一看到"风水"这两个字,就以为是迷信的说法。这其实是个误解。古籍中说:"气乘风则散,界水则止,古人聚之使不散,行之使有止,故谓之风水。"可见所谓风水,是指我们应顺从自然界的水流和风向,避风聚水,使其与我们身体"四大"相应。

我过去因为不懂得风水,也吃过很大苦头。那时候在山上打坐,因为是夏天,茅棚里热,我贪图凉快,一大清早就在庭院里打坐,既宽敞,又清凉,很受用。打坐时本应用裹毯护好腿子,有一天我嫌麻烦,没有裹腿。下坐后稍感不适,也没有在意。一周后双膝酸痛,上坐更是疼痛难忍,这才知道自己露地打坐时受风寒了。七八年过去了,我现在打坐依然有障碍,说起来后悔莫及呵。

赏月

月出皎兮,佼人僚兮。舒窈纠兮,劳心悄兮。

这是《诗经·陈风·月出》中的诗句,写尽了佳人曼妙姿态和月的妩媚与皎洁,很有意境。

南山亭赏月,一年四季均可,而以秋天最为殊胜。

赏月当然要在月明风清的时候,或在山亭,或于露地,置茶器,列瓜果,邀两三好友对坐月下,啜茗汁,话闲情,最有清况。如果一人,则不可。月魄属阴,一入心神,最容易患病。至于李太白所说的

"举杯邀明月，对影成三人"，乃诗家之言，非我辈有泉石膏肓之疾者可效仿。

终南山又被称做月亮山，在月亮山上赏月，大概最有赏月意味吧。

如济赘语：

记得明末张岱《陶庵梦忆》中有一段文字，是说西湖赏月的："西湖七月半，一无可看，止可看看七月半之人……小船轻幌，净几暖炉，茶铛旋煮，素瓷静递，好友佳人，邀月同坐……月色苍凉，东方将白，客方散去。吾辈纵舟，酣睡于十里荷花之中，香气拍人，清梦甚惬。"

这段文字很美，但描写的是俗世间的月，而非山间之月。

山间之月很亮，如同一盘银镜，高悬在清碧天宇下，让人遐思。"小时不识月，呼作白玉盘。" 据说这是李白记忆中的月，譬喻月的形象。"江天一色无纤尘，皎皎空中孤月轮。" 这是诗人张若虚的月，摹写贴切。

南山亭赏月，云汉浩渺，月魄孤洁，望上去真有"玉盘""月轮"的感觉。至于月光如霜、明月惊鹊、月上栏杆、月下飞锡这些古人诗词文章里经常出现的字句，只有在终南山上，才能真正领会其中意味。

望满天繁星，望渺渺霄汉，望一轮明月，不禁感觉到人生的无奈与短暂。

"人生代代无穷已，江月年年只相似。不知江月待何人，但见长江送流水。"张若虚的这首《春江花月夜》，如同一轮孤月，高悬在唐诗璀璨夜空里，照亮了每一个孤寂的灵魂。

"人有悲欢离合，月有阴晴圆缺，此事古难全。但愿人长久，千里共婵娟。"苏轼的这阕《水调歌头》，诉说的是人世间的别离之苦，抒发了他希望兄弟团圆的美好心愿。

其实无论阴晴晦朔，月始终就在那里，不会因为人世间的悲欢离合而稍有改变。只是因为浮云遮蔽的缘故，我们才会视而不见。然而无论我们见与不见，月始终就在那里。

我们的自心自性也如月一样，原本洁净明亮，因为烦恼遮蔽，渐渐迷失了。如果我们能抛弃自我、放下身心，来到精神的山林，就会发现这轮月仍在，桂影婆娑，皎洁如故，没有丝毫亏损和染污。

"我心似明月，碧潭澄皎洁。"这是寒山子的诗句，也是寒山子心中的月。

每个人心里都有一轮明月，我们能看见吗？

茶禅一味

在我们烦恼的时候，只需要一壶茶，天地乾坤就可以归位，烦恼忧愁就可以平息。一只茶碗里的沧海和时光，是不可说的秘密。

一座山就是天地间的天然道场，入得深山，采得幽兰，是中国隐士们内心深处永远盛开的梦想。他们想象自己就是一朵云，在深山中云游，与柏树、药草、兰花论道。在浊世与清流之间，他们一身青衣，披雪戴翡翠，竹杖芒鞋，凿冰饮清泉，希望能够找到修行人口耳相传的那个道。

在千竹庵，你可以焚香、净手、沏茶，等候传说中的仙人来与你对弈。也可以迎风站在屋檐下，展开一卷书，借以解忧。只是尘世之人往往心神容易散漫，神仙喝完你的一壶茶，你我尚且沉睡在梦中，沉溺在文字里，不知道佳客已至，只听得煮茶的木柴噼噼啪啪，你来我往，熙熙攘攘。

山居是为了更好地照顾好自己的这颗心，而不是远离尘嚣、不问世事。山居可以让你的身心重新回到平衡的状态，调节好你的情绪与思虑，照顾好你的每一个念头。

住在山中，就是以天地为道场，以日月为茶炉，以朝露和霜花、春风秋雨为人生的无上茶饮。以芳草为嘉宾，以浮云和流水为琴心，这样的山居生活可以让身心安定下来。南山如济住在千竹庵，寄身于深山之中，草木、芳草、流云为佳客，琴友、茶师、棋叟为嘉宾，壶

中有须弥，茶中藏芥子。只要坐下来，满山的风都是你的衣袍，坐看流水淙淙，云朵从苍苔上慢慢升起来，便能尝得人世间万千滋味。

山泉

山居不可无泉，园居不可无竹。

山泉水不仅用来煮茶、做饭、沐浴、洗涤衣物，还用来浇灌花果菜蔬，山居而无山泉，不但生活不方便，也使山容减色不少。

如济居山泉是从庭院后山引下来的，跨悬崖，穿绝壁，走丛林，来到如济居院落时，水势已缓，水性已柔，用来煎水瀹茗最宜。

山泉水引来后，筑小池一方，池中置水缸一口，山泉水经竹管流出，落入水缸，泻入小池，又引至屋侧池塘里，养护一池荷花。最后汇入溪涧，流到山下。

相传莲宗初祖惠远大师初至庐山，因所创精舍去水泉尚远，远公以柱杖卓地曰："若此可居，当使朽壤抽泉。"言毕，清泉汩汩涌出。（事见《新修往生传》）谢灵运恃才傲物，及一见远祖，心悦诚服，凿池种莲，相助净宗道场。虽当世未能如愿入社，却为来生种下智慧福德因缘，可谓善举。

如济惭愧，至今未能死心塌地念佛，因而走山涉岭，引水汲泉。若有真实佛子，本分衲僧，他日住锡此地，必能与佛菩萨感应道交，并效远公故事，使泉水自屋后石隙间汩汩涌出，则如济居真成莲居矣。

如济赘语：

我们每个人心底其实也有一股泉水，一直汩汩流淌着，众多的泉水最终汇集到一起，就成为人世间的湖泊溪流，滋养着每一片贫瘠干涸的心田。

这股泉水就是真诚，就是美善，就是良知。

我们的心田原本是富足的，善根增长，华果敷舒，因为多生累劫、五欲六尘蒙蔽，渐渐迷失了清净自性，心中的这股泉水渐渐干涸了，剩下的只是一片贫瘠干裂的荒漠。

我们每个人心田里的泉水干涸了，真诚没有了，剩下的是虚妄。美善失去了，剩下的是丑恶。良知泯灭了，剩下的是贪婪。

要滋养我们贫瘠干涸的心田，要恢复真诚、美善和良知，只有向自性里去求。我们的自性清净无染，源头活润，水流清洁。我们对此却丝毫没有觉知，只是一味向外求取，最终在世俗的物欲间迷失。

宋人朱熹的《观书有感》诗说："半亩方塘一鉴开，天光云影共徘徊。问渠哪得清如许？为有源头活水来。"

《说文解字》里解释说："泉，水原也。""水原"即"水源"。《易经·蒙卦》曰："山下出泉，蒙。君子以果行育德。"蒙，也有蒙蔽的意义。蒙蔽我们心田源泉的，不是外在物欲，而是自心迷失。

现在，社会上一些人士和团体发起读诵中国传统经典的活动，我个人很赞同。要发掘我们每个人心底的源泉，就必须正本清源。读诵传统经典或许能有这样的效果。

只有源头洁净了，又遇到好的外缘，因缘和合，我们的心田才会重新满盈。

要正本清源，首先要学会过清贫生活。过清贫生活不是要我们抛弃生活必需品，过衣不蔽体、食不果腹的"犀利哥"式的生活。而是要尽量减少拥有之心，不贪图物质享受，不追求时尚潮流，随缘而住，随遇而安，使身心从物欲束缚中彻底解脱，回归清净本性。

修持佛法是一条很好的途径。读诵大乘经典，参禅念佛都很好。唯有大乘佛法和中国传统文化，才是解决二十一世纪诸多问题的最佳方剂。能使我们从迷失中看到光明，从染污中复归清净。

佛在《妙法莲华经》中如是宣说："如来出现于世，如大云起，以大音声普遍世界天人阿修罗。如彼大云遍覆三千大千国土。于大众中而唱是言。我是如来，应供，正遍知，明行足，善逝，世间解，无上士，调御丈夫，天人师，佛，世尊。未度者令度，未解者令解，未安者令安，未涅槃者令得涅槃。"

真正皈依佛陀，相信佛所言说，让这些信息汇入我们干涸贫瘠的心田，我们的心灵就复活了，水如泉涌，川流不息。这众多水泉会聚在一起，就成为人世间一处处洁净的湖泊溪流，水草丰茂，莲花盛开。信者均能脱离苦恼，得涅槃乐。

现在来终南山隐居修行的人很多，说到底，都是在寻找自性里的这一股清泉。真正找到了，也就自在了。我经常会看着山间林下一处处简陋的茅舍，心里在想：那里应该有一眼洁净的山泉吧。

"绝代有佳人，幽居在空谷。自云良家子，零落依草木。"这是杜甫《佳人》诗的开头。诗里描写的是一位落难女子，因为战乱，隐居山里，茅草为屋，松柏为食，过着清贫的山居生活。虽然全诗以女子口吻叙述，表现的其实是诗人历经战乱后的痛苦心怀。如果从另外一个角度来看，这位女子似乎也可算做一位"隐居者"者呢。

诗结尾写道："在山泉水清，出山泉水浊……天寒翠袖薄，日暮倚修竹。"泉水出自山林岩石，原本洁净，流向山外，难免受到染污。但愿我们能够时刻保持内心的空明清净，不被世俗的纷扰污浊所沾染。依止在山林溪涧茅舍里，过清贫生活，使人格得到升华。

时值岁末，不觉想到终南山里的那些住山行人，天寒地冻，他们是否围坐在火炉旁，饮茶禅坐，一心读诵大乘，护持着内心的那一股清澈明净的源泉呢？

石灶

山居有了山泉，还得以石灶相伴，方不负山居幽况。

石灶自然是用石头砌成的，要能利火、排烟，还要能省柴、便捷，这样才是如济心目中的石灶。

如济惭愧，自小不会烧火，更不会垒灶。刚到如济居的时候，我在地上挖行军灶，用三四块石头支撑一口铁锅，稍作清理，就可以烧火做饭了。行军灶虽然简便，但下雨天不能用。而且干活时要蹲着身体，既不方便，也不雅观，我于是决定垒石灶。

石灶是请住山的明善师垒的，如济充当下手，搬石头、和泥、抹泥这些事都是如济干的。石灶花了一天时间才垒成，第二天又继续修补，所以总共用了一天半时间。

石灶垒成后烧火试用，果然能利火，能排烟，而且起火快，省柴省力，很适合山居使用。

记得朱子曾有《茶灶》诗曰："先翁遗石灶，宛在水中央。饮罢方舟去，茶烟袅细香。"很有意趣，很耐品读。

据说距离如济居不远处的药王洞里至今仍有石灶一尊，是药王孙思邈当年在此地隐居采药时遗留下来的，不知还能煎水煮茗否？他日有暇，当携茶器一往。

如济赘语：

山居生活是平淡而烦琐的，不但要担水劈柴，还要烧火做饭。

如今山里山外都已经用上了蜂窝煤、煤气灶或者电磁炉，烧劈柴的人家已经很少见了，灶膛也很少人使用了。

然而在生活越来越便利的同时，我们并没有从烦琐的生活中解脱出来，反而是工作更加忙碌，烦恼似乎也更加多了。

譬如读书，现在出版业很发达，除了传统纸质书籍，更有电子书籍、有声读物等。但我们却发现，真正可供阅读的好书很少，大部分都是所谓的"快餐读物"，读过后便忘记了，没有多少值得回味的字句。

与此同时，我们的头脑被各种信息所填塞，变得毫无头绪。我们在知识的海洋里迷失了，成了现代文明的囚徒。

真怀念那些过去的时光啊，虽然那时可供阅读的书籍很少，却总能找到几本。借着昏暗的灯光，甚至借着月光，一字一句地阅读，享受着语言文字带来的愉悦和美丽。

老子说"绝学无忧"，禅宗叫人"放下"，大概就是这个意思吧。

只有将头脑里固有的知见完全抛弃了，才能让心灵复归清净，才能读懂经典文句。

一个人居住在大山里，彻底抛弃现代文明，劈柴烧火，煎水煮茶，看熊熊火光在灶膛里燃烧，听松风桧雨在砂铫里吟唱，心里无思无虑，无喜无忧。洗刷心底的污垢，找回失去的自我，这大概是山居的意义所在吧。

山厨

和石灶一样，山厨也是山居不可或缺的。

终南山茅棚大多由山民遗留下来的旧屋改造而成，厨房和居室连在一起。所谓厨房，只是一个很小的可利用空间，内有一台锅灶、一口水缸、一张案板，一些储藏粮食、蔬菜的瓦瓮、瓷坛以及锅碗瓢盆而已，很简陋。

山厨虽然简陋，但很实用。灶台通常都和火炕相连，灶膛通向炕洞，火炕里有烟囱接向屋外，烧火做饭的同时，火炕也烧热了，既节省了柴火，也省去煨炕的麻烦，可谓一举两得。这样结构的灶台，适合在早春或者秋冬之际天气寒冷的时候使用。如果是夏天，另备有简易炉灶，可以在屋外生火做饭。

几乎所有的山厨都无一例外地黑而且暗。不但灶台黑，茅棚顶也黑，烧水壶以及锅底更有一层厚厚的油灰，很难清洗干净。这是长年累月烟熏火燎的结果，参访者偶然走进山厨，一开始会很不适应。

山厨虽然幽暗简陋，但很洁净。碗碟都码放在碗篓里，竹筷插在箸笼里，其他锅碗瓢盆也都摆放得整齐有序，宽阔的木案板也用山泉水清洗过了，这是住山者应有的生活态度。

山厨里没有丝毫荤腥气味，储藏的粮食很少，调味品也很少，只能提供一些简单的饮食。

曾有诗偈曰："山厨常寂寂，素洁绝荤腥。园中椒茄嫩，篱落豆荚生。煮成罗汉菜，疗饥兼养形。"

如济赘语：

在茅棚里住久了，人心也变得安静了。回到都市里，心里还一直向往着山林间的那股气息呢。

那是茅棚特有的气息。

茅棚的气息中不但有山林溪谷的气息，也有烟熏火燎的气息，也有经历岁月磨砺后那种深沉的味道。

黝黑坚实的棚顶，昏暗冷清的橱柜，散发出黄泥蒿草气味的火炕，这些都是我熟悉和喜爱的。

当然，还有一钵清香四溢的罗汉菜，这可是只有在山厨里才能烧出的美味菜肴啊，说起来，真的很令人向往呢。

罗汉菜，即锅烧烩菜，以土豆、豆角、豆腐、胡萝卜等为主料，另有香菇、木耳等配料，为山居常食菜品。许多参访过广福茅棚的人，都对这里的罗汉菜赞誉有加。

烧菜前要将所有的主、配料清洗干净，然后切成块状或者片状，豆角则要用手掰成小段，姜要切丝。铁锅烧热后加菜籽油，烧至约八成热时，入姜丝、花椒粒稍稍炸锅，然后依次放入主、配料，大火略略翻炒，接着淋入酱油、食盐等调味品，加开水至漫过菜身，调好口味后，改用小火炖煮约15分钟，待得土豆软烂，茄蔬入味，汤汁也收得差不多了，就可以出锅了。先供佛，然后出食，然后行堂、进食。

如果供养住山僧众，则不用花椒粒炸锅，而是事先用沸水制成花椒水，烧菜时淋入少许即可。至于味素、葱、蒜等，是绝对不能使用的。

对了，每次烧罗汉菜时，我都会去采摘一小把野菜，有荠菜、灰菜、嫁菜以及薇菜等，都是当季的野菜。清洗干净了，不用刀切，用手拧碎后加在大锅里，这样烧出来的罗汉菜美味无比。

说到行堂，这是寺庙里的说法，我们在茅棚里也照样做。先把碗筷摆放好了，然后由行堂者将饭菜分别盛入碗碟里，念供养咒后开始进食。这样能使大家生起恭敬心。不但是对佛法的恭敬，也是对饮食的恭敬。

在中国古代，无论家庭贫富，饮食都是件很庄重的事情。譬如，饭菜不是直接端到餐桌上，而要用食盘。东汉隐士梁鸿之妻孟光"举案齐眉"的故事，即可佐证。

据《后汉书·逸民传·梁鸿》载："鸿家贫而有节操。妻孟光，有贤德。每食，光必对鸿举案齐眉，以示敬重。"

诗人李白遭贬谪后，途经安徽铜陵，有《宿五松山下荀媪家》五言诗一首，其中也提到了食盘："我宿五松下，寂寥无所欢。山家秋作苦，邻女夜舂寒。跪进雕胡饭，月光明素盘。令人惭漂母，三谢不能餐。"山村荒落，晚餐简素，主食是当时穷苦人家常吃的菰米饭，类似现在的糙米。饭菜虽然简单，但进餐用食盘，而且又是老妇人亲自跪着端进来，以表示对诗人的尊敬。此情此景，连素以豪放浪漫著称的李太白也有些难以举箸了。

山居简易，虽然不以追求美味为事，但对饮食之道也不可不知。

佛经中说："一切众生皆依食住。"也就是说，众生必须靠食物的资养来维持生存，绝无例外。

日本吉田兼好法师曾经说："食为人之天，善于调味，可谓大德。"

美味可口的饮食，不但能调养身心，也不至于使粮食浪费。同样的菜蔬，有些人烧出的味道实在令人难以下咽。他自己尝过后也觉得不好意思，只能呢喃说："我不会做饭，但请大家坚持吃完吧，粮食不可以浪费呢。"

我经常会借着品尝一些住山僧人饭菜的机会，得知他们的修行状态。有些人烧出的饭菜虽然不算美味，但味道清淡，这是多年住山养成的饮食习惯。有些人烧出的饭菜味道不错，但俗世间的滋味还能品尝出来，这是没有真正发心的结果。至于那些不堪入口的饭菜，或者是漫不经心，或者是心性粗疏，或者是多生累劫习气所致，不能调和饮食，那些烧菜的人都是些可怜人。

山厨虽然简陋，菜蔬虽然单一，但能使每一种材料都呈现出本味的同时，又能与其他材料相融合，这才是烧罗汉菜的秘诀所在。

锅碗瓢盆

或许山居只是一种生活方式，和我们的日常生活相比，并没有本质上的区别。日常生活离不开锅碗瓢盆，山居也一样。

山居所用的锅是很大的铁锅，如果煮一锅饭，足够三四十人吃。碗也是寻常的粗瓷碗，俗称"老碗"。至于其他盆盆罐罐的，都是以前山民遗留下来的，虽然简朴，但很实用。

开始的时候，我们希望山居生活能好一些，所以将煤气罐、煤气灶、微波炉、不锈钢锅、瓷盆、陶碗等带到山里。用了不久，锅碗瓢盆被人"一锅端"，全部偷光了，给山居生活带来诸多不便。无奈，只好将山民遗留下来的锅碗瓢盆清洗消毒后使用，新添置的一些厨具如烧水壶、面盆、笊篱、箧子、箸笼、饭勺、饭铲以及陶盆、瓦罐等，也都尽量购买最便宜、最简陋的，我甚至在上面刻上字，或者用榔头敲几个坑，希望不会再被人"相中"。

如济常常感叹：住山和在家其实并无分别，关键是我们自己的心地是否真的清净了。若真清净了，才可以住山。

由于连年被盗，有人曾劝如济换锁，如济不换。为什么？若换锁，他们会钻墙、破窗而入，损失岂非更大？不如就这样一把锁，任其撬，任其砸，任其开，任其拿。他来偷，总是因为贪、嗔、痴三字，总是因为贫穷。他拿走一些就能补贴一些家用，或许今后就不再偷盗了。再说，如济居并不缺少这些东西，他拿走了我再添置，直至有一天他良心发现，改过自新，岂不是好事一桩？

佛言"布施"，如济这种做法大概也是末法时期的一种布施方式吧。

如济赘语：

已经是初冬季节了，天色比昨天阴沉了许多。道路两旁的树，叶子已经枯黄，田野里却浅浅绿绿的，布满生机。远远望去，终南山笼罩在层层阴霾里，只显露出一抹沉重的影子。

山上的草木大多已经凋零，萧瑟沉寂。我今天约朋友一起到如济居饮茶，朋友携带了妻儿，一路上惊叹声、欢笑声、说话声不绝于耳，给山行平添了几分生气。

终于看到如济居了，寥寥落落的庭院，寥寥落落的树影，寥寥落落的篱笆墙，寂静中透露出些许禅意。

住山的明印师前些天下山打禅七去了，预计整个冬天都不会上来，这也是我不得不经常上来照顾茅棚的原因之一。

院落里空无一人，脚步踩过小径上的落叶，发出沙沙声响。平日用来饮茶的几个石磨盘看上去有些冷清，悬挂在树枝上的茶鼓也显得有些破落，但我的心里却充满暖意。

往日上山，总会有喜鹊在枝头"喳喳"叫喜，今天却听不到。有几只雉鸡因受到惊扰，扑棱着翅膀从草丛间飞起，飞向对面山谷去了。

我推开栅栏门，邀请朋友一家进了院落，然后去开茅棚房门。

到了房门前，才发觉锁被撬开了，耷拉着挂在铁栓上，我下了锁，推开房门，发现贮放山居用品的木柜也被撬开了。朋友随后进了屋，我只有苦笑："看来有人比我们先到了一步。"大概检点一下柜中东西，被褥、衣物等日常用品都在，只是用来烧水的随手泡不见了。另外，一听绿茶、一听乌龙茶也不见了，还有几饼普洱茶，也看不见踪影。至于还有没有遗失其他东西，我却不能记得了。朋友笑道："看样子这小偷还是个'雅贼'，喜欢喝茶呢。"我笑道："这样也好，我们今天正好用传统方法来煎水煮茶。"

明印师下山前准备了很多劈柴，我点着火引子，不大工夫就把火生起来了。水缸里有水，我舀了一大壶水坐到火灶上，开始准备其他茶具。很幸运，在佛龛前找到一小罐绿茶，不至于招待朋友一家喝白开水。水很快就烧开了，我冲烫过茶碗，拿起茶叶罐，笑着对朋友说："好在这'雅贼'不识货，留下这一罐'蒙顶甘露'给我们，可谓不幸中的万幸。"

如济居位于终南山的一道山岭上,从山下爬上去大约需要一个小时。除了附近山民以及采药人,一般游人很少上来。由于响应国家退耕还林政策,附近的山民都搬迁到了山下,山上只留下四五户人家,而且只在春秋两季收香椿、甜杏、核桃、板栗、花椒等山货时才在山上住一段时间,其他时间只是偶尔上来砍柴、种菜、收菜,顺便照看一下房子而已,到了冬天,就很少人上山了。山上房屋里除了一些日常生活用具和必要的食物、调料品储存外,几乎没有什么值钱东西,可以用"家徒四壁"来形容。但即便如此,每年还都会发生失窃现象,去年明印师出门行脚在外,山居唯一的一把挂面、二两菜籽油也被人偷走了,真让人哭笑不得。

不过,说句实在话,诸如随手泡、紫砂壶、茶池、茶局这些茶道用品,本来就不该带来山上,特别是随手泡,又费电,又显眼,而且不符合山居简朴、节约的意义,明印师也说过几次,但我只是贪图方便,再说,已经带到山上的东西是不愿意再拿下山的,所以才留在山上,只是已经很少使用了。

山居简易,有劈柴可以烧火,有山泉可以烹茶,有粥饭、菜蔬可以疗饥,有衣服可以御寒,又有四时花草和一山风月相伴,已经是上苍的厚赐了,而我却添置了这些奢侈品,怪不得要招来窃贼了。《周易·系辞上》里说:"慢藏诲盗,冶容诲淫",真是千古不易的古训呵。

不过,这也是件好事,所遗失的都是一些山居奢侈品,而留下的却是山居必需品,诸如破旧的脸盆、缺损的碗筷、笨重的水缸、古拙的案板以及被褥、衣服、鞋袜等,这些才是山居最重要的东西,所谓盗贼之所弃,正是山居之所需。如果从此能够安于简约和贫穷,大概才是山居的意义所在吧。

禅堂

山外庙子里的禅堂都很雄伟、庄严，也很宽敞。出入僧众更是头面光鲜，精神饱满，实在令人羡慕不已。

昔日的广福禅院禅堂也一定是如此吧？试想在这样的高山顶上，一大群衣袖飘飘的禅僧们，一通鼓响，鱼贯进入禅堂，问讯毕，收腿上坐，住心观静。大约三炷香后，一声板响，大众下坐持香，衣袖甩开，脚下的风声将烛火吹得呼哧呼哧响，随后又一声板响，大众齐齐站住，禅堂里顿时静了下来，只听见山风吹过屋顶的声音。

这大概就是古代禅堂生活的一部分，但今天在广福茅棚，已经很难重现这样的古代道风了。

一直以来，如济就梦想着在山上能有一所禅堂，简朴、雅致、庄严。禅堂不必大，能上早晚殿、坐禅、念佛即可。至于其他，则不敢奢望。

今年，机缘和合，我将自己的三间茅棚捐出，用做禅堂。这三间茅棚位于广福茅棚正中间，坐南朝北，做禅堂最好。拆去土炕、隔墙以及案台锅灶，中间塑圣像，两旁用拆下的土坯垒成禅床，稍做布置，就可以正式使用了。

山居而有茅棚，有禅堂，这真是多生累劫所修福德因缘所感呵。虽然简陋，亦足以安心办道了。

如济赘语：

禅堂建好后，有一天谭居士上来了，我领他到禅堂参观，谭居士连声称赞，并很虔诚地给佛上了一炷香。

前文说过，广福茅棚旧址原来是所禅寺，名"广福禅寺"，据说始建于唐朝，明末时毁掉了，此后一直荒废。到了民国末年，一些逃荒的难民躲到山上，开始耕地修房，成为新一批"山民"。

山民们生活虽然穷困，但农耕之余，拜佛念经，祈求菩萨保佑，日子过得也还太平。新中国成立后，这里被组成一个生产小队，受当时全国范围内"抓革命、促生产"影响，几户村民也开始在山上闹革命。由于山上地方小，物资贫乏，可供"批斗"的东西很少，山民们便将"革命"对象锁定在寺庙遗迹上，不出半年时间，山上仅有的一点点"风景"便被毁坏殆尽了。前些年为响应国家"退耕还林"政策，山民们陆续搬迁到了山下，我们将空下的住房收来，改建成如今的广福茅棚。寺庙原来的痕迹已经荡然无存，只有矗立在山坡上的一方巨石，上面还依稀存留着几行模糊的字迹，似乎在向后人默默诉说着什么。

人世间的事情就是这样，兴废存亡，成住坏空，原本是普遍规律。大到一个国家，小到一个民族，乃至一个家庭、一所寺庙，都逃不过这样的规律。这大概就是佛经上所说的"无常"了。

唐末永明延寿禅师曾有《山居诗》云："旷然不被兴亡坠，豁尔难教宠辱惊。"真能明了这样的道理，才有"资粮"住茅棚修行。

那天中午，我留谭居士一起吃饭，因天气寒冷，我生起了火盆，两个人各喝了一小盅白酒。也许是因为酒的缘故，说话时，谭居士的神情显得有些落寞和激动。他从怀里掏出一把钥匙，很郑重地交到我手上，说："我已经是七十多岁的人了，日子不多了，这是山上寺庙里的钥匙，我今天就将它交到你手上，无论你什么时候上山，都要记得给佛上一炷香。"说这话时，谭居士眼睛里有些红晕，看上去仿佛是泪光。山上的这所小庙我知道，是九十年代几户村民自己集资修建的，因为小庙的门一直锁着，我没有机会进去上香。我接过钥匙，钥匙上满是铜锈，穿着一根粗而油腻的绳子，感觉沉甸甸的。我将钥匙装在怀里，对谭居士说："你放心，只要我上来，一定会给佛上一炷香的。"

吃完饭，我带了一碗茶、一碗水、一碗花生米、一筒香支，和谭居士一起来到小庙前，我让谭居士捧着托盘，我掏出钥匙，打开锁，推开了小庙的木门。进到小庙的一刹那，我的眼睛也有些湿润：小庙太简陋了，没有灯烛，没有香火，没有饮水，也没有供果。水泥台子上供奉着一尊阿弥陀佛佛塑像，已经落满灰尘。木鱼槌是用一根木棒代替的，香炉是用一个废旧铁圈截成的，而引磬据说是从附近的一所寺庙里请来的，也早已锈迹斑斑了。水泥地上放着几个塑料编织袋，里面装有木屑，就算做简易"蒲团"了。我无言以对，给佛上了供果、茶、水，燃香，双手合十，心里默念：明年，我一定要将这里重新布置！

农历正月十四那天，我早早就上山来了。明印师打七结束后也住回了山上。我今天背了不少东西，有点心、馒头、茶叶，还有给明印带的床单。小庙的门早就打开了，简单梳洗后，我给小庙的供桌重新添水、泡茶、上香、上供果。山上虽然还有积雪，但阳光很明亮、很温暖。小庙里檀香袅袅，木鱼声声，感觉很温馨。

这些年我去过不少寺庙，感触很多。香火旺盛的寺庙，佛菩萨以及罗汉们的塑像就很大、很庄严，也很有气派。供桌前总是堆得满满的，功德箱也很"实在"。相反，那些处在穷乡僻壤的小庙子，不但

香客稀少，佛菩萨塑像也显得很"寒酸"，供桌上冷冷清清，更不用说"四大皆空"的功德箱了。常言说："人争一口气，佛争一炷香。"虽然这只是世人很世俗的想法，但也说明了寺庙香火的重要。

噫，慈悲广大如佛陀，随所处环境不同，尚有如此截然不同的香火遭遇，更何况我们这些人世间芸芸众生？其所遭所遇、所感所受，也就可想而知了。

无论何时，只要您看见佛堂，请给佛上炷香。

茶鼓

吃茶击茶鼓，这是古代禅宗道场立下的规矩，事见宋代宗赜禅师编著的《禅苑清规》。

茶鼓一般悬挂在禅堂西北角，敲几通、每通如何敲，都有相应规定。古代丛林吃茶很讲究。譬如，堂头和尚请大众茶汤，要先一日张贴茶榜，说明吃茶的时间、地点以及缘由。到时大众听鼓响，齐集堂前。首先烧香，然后行茶、请吃茶。然后问讯劝茶，烧香再请，然后遍请吃茶药。茶药也称药石，类似于今天的茶点，当然都是素的。吃茶毕，大众谢过堂头和尚，依次退出。（事见《禅苑清规》）。

吃茶原本是很简单的一件事情，是我们日常生活的一部分，所谓开门七件事："柴米油盐酱醋茶"，吃茶是再寻常不过的事情了。但恰恰是这样最寻常的事情，却被纳入禅宗行人的日常生活中，并规定了非常详细的礼仪清规，如果我们真的懂得了古代大德的良苦用心，也许就会"吃茶"了。

孔子曾说：老百姓家家都离不开饮食，但很少人能真正知道饮食的滋味。可谓感慨良深。

赵州古佛三声"吃茶去"，可谓老婆心切。

祇树给孤独园，佛陀披衣乞食，还至本处，吃饭、收钵、洗脚、敷坐，样样平常，可谓示现彻底。

或问必定示现个什么？曰："且听三通茶鼓"。

如济赘语：

说起茶鼓，现在已经很少人知道了，甚至一些禅宗寺庙也不讲究了，这些都是佛法衰落的表象。

这里不妨完整引用一段《禅苑清规》有关"赴茶汤"的规约，帮助大家稍稍了解一下古代禅寺煎点吃茶的大概规矩。

院门特为茶汤。礼数殷重。受请之人不宜慢易。既受请已，须知先赴某处，次赴某处，后赴某处。闻鼓版声，及时先到。明记坐位照牌，免致仓遑错乱。如赴堂头茶汤，大众集，侍者问讯请入，随首座依位而立。住持人揖，乃收袈裟，安详就座。弃鞋不得参差，收足不得令椅子作声。正身端坐，不得背靠椅子。袈裟覆膝，坐具垂面前，俨然叉手朝揖主人。常以偏衫覆衣袖，及不得露腕。热即叉手在外，寒即叉手在内。仍以右大指压左衫袖，左第二指压右衫袖。侍者问讯烧香。所以代住持人法事。常宜恭谨待之。安详取盏橐两手当胸执之。不得放手近下，亦不得太高，若上下相看一样齐等，则为大妙。当须特为之人专看。主人顾揖然后揖上下间。吃茶不得吹茶，不得掉盏，不得呼呻作声。取放盏橐不得敲磕。如先放盏者，盘后安之，以次挨排，不得错乱。右手请茶药擎之。候行遍相揖罢方吃。不得张口掷入，亦不得咬令作声。茶罢离位。安详下足。问讯讫。随大众出。

这里说的我国宋代禅寺里有关吃茶的程序和仪规，详细说明了如何特为茶汤、如何赴茶汤以及如何举步、如何落座乃至如何持盏、如何吃茶、如何吃茶药等等。规约详细，礼仪周备，目的是为了方便初学。

现在已经很少有人讲究这些老规矩了，许多禅宗寺院里不悬挂茶鼓，也没有正式煎点仪轨，吃茶也不讲究了。各种水陆法会、佛教夏令营倒是办得热热闹闹的，这大概也是时节因缘所致吧。我也只能在闲暇时读诵古德典籍，空怀仰慕而已。

至于广福茅棚所悬挂茶鼓，后来也没有了，据说被一位新到的住山师父拿去当柴火烧掉了。

山门

山居要有山居气象，这是如济常说的一句话。

山居气象不但指日常生活情形，也指我们的精神面貌和行住坐卧状态，也指我们的居住环境。

佛经上常说"境由心生"，又说"唯心所现，唯识所变。"《楞严经》上有段文字尤其美妙："不知色身。外泊山河虚空大地。咸是妙明真心中物。"

山居生活也是如此。一切建筑、装饰乃至一碗一钵、一花一木，其实都是我们内心境界的体现。心想卑劣的，屋前檐后鸡犬不宁，吵闹不堪。心想清净的，门前墙外花木扶疏，清静无比。所以，山民在山里生活不能称做住山，就是这个道理。

山居气象还体现在庄严山门上。

如济居山门用旧木搭成，高近三米，顶上覆以茅草，门下铺垫一根旧枕木，木栅门，蓬草径，虽然简陋，却也不失雅观，颇有山居气象。

我在山门上挂了副对联："客至莫嫌茶味淡，山家不比世情浓。"这是"借取"古代禅堂里的现成句子，稍稍改动一两个字而已。

山居而有山门，从此可以关门掩户，高隐山中，一心持名念佛了。

如济赘语：

说到山门气象，我想起一段临济义玄禅师栽松的禅门公案。

有一天义玄栽完松，黄檗问："你在深山里栽这么多松作什么？"义玄回答："一来与山门作景致，二来与后人作标榜。"说罢，将镢头在地上顿了三下。黄檗道："虽然如此，你已经吃了我三十棒啦！"义玄闻言，将镢头在地上又顿了三下，并发出嘘嘘的声音。黄檗说："我这一宗到你主持的时候，必定会大兴于世！"

所以，无论寺庙还是茅棚，都应该树立山门，庄严道场。清静庄严的环境总能给人以祥和肃穆的感觉。

法藏比丘最初发心建立西方净土世界，第一宏愿就是："我若证得无上菩提，成正觉已，所居佛刹，具足无量不可思议功德庄严。"阿弥陀佛国土所以殊胜，就是因为国土庄严清静。

庄严山门，不是说要将道场建设得高大宏伟、富丽堂皇，那不是

修行人办道的场所，而是帝王们居住的宫殿。

庄严山门，除了必要的道场建筑外，更要讲究清规戒律，这是真正意义上的庄严。

马祖建丛林，百丈立清规，古大德早已经为我们作出了示范，我们只要依教奉行就可以了，不必自作主张。

住山隐修，更应该严守戒律，定不能放逸。时刻约束自我身心，庄严道场，这样才会消除障缘，道业有成。

世事了了，我这几年琐琐碎碎的，也做了一些事情，在别人眼里似乎很不容易，在我看来只是平常。

"随缘而作，尽力而为"，这是我学佛后养成的处世原则。一切事情都是自然随缘，不强求，不退心，修建茅棚也是如此。

现在住山的僧众多了，茅棚显得不够用了，于是我心里有了一个修建终南山大茅棚的想法。

大茅棚并不是说茅棚的规模有多大，而是诸如山门、禅堂、法鼓、茶鼓、念佛堂、香积厨、东司等，都应该齐备。住山行人平时单独住在各自的小茅棚里，早晚功课及共修时都到大茅棚里来，一起过堂、出坡、参请、坐禅、念佛，这是多么庄严的事情啊！

住山时间久了，难免懈怠，甚或产生退却心。此时，学会如何持戒、精进，尤其重要。

儒家经典《中庸》里说："君子慎独。"一个人独处很难，真正能处处约束自我身心的，不是大菩萨，就是大圣人。对于我们普通凡夫，很需要有共修的机缘和场所，这样不但能相互帮助，也能相互警示，使各自道业有成。

民初高鹤年居士在终南山南五台修建大茅棚，三十多位住山僧人冬天一起打禅七，令人羡慕不已。

再看看广福茅棚，茅屋破败，柴门简陋，说起来真的无比惭愧啊。

或许现在机缘还不成熟，所谓大茅棚，只是口头上说说而已，实在不敢奢望啊。

庄严山门，就从庄严自我身心开始吧！

曾写有《山居诗》一首，以明心迹：

> 二十年前厌儒行，登山临水自营营。
>
> 搭成一个茶亭子，葺就三间旧草棚。
>
> 移竹封莲引活水，焚香扫地阅金经。
>
> 开荒数亩有权地，供养几单无事僧。
>
> 山鼠木蜂苦侵扰，清风明月慰我情。
>
> 庞公脚力老弥健，陶令诗章贫愈清。
>
> 这个原来还如是，寂兮寥兮似无形。
>
> 寒来暑往春复尽，独坐山窗啜苦茗。
>
> 柱立山门作标榜，黄花翠竹鸟嘤嘤。

木桥

如济居山门前有一道溪流，虽然平时干涸，但每年秋天雨季到来时，溪流就会暴涨，所以，门前木桥是必不可少的。

原来的木桥因为时间久远，已经腐朽过半。而且桥下泥沙石块拥堵，已经失去了"桥"的实际意义，如果溪流暴涨，就有可能危及山门，我于是决定将木桥重新搭建。

搭建木桥的木料选用山槐，结实耐用。先将桥下泥沙石块掏空，然后将木头直接搭在两头，用藤条捆扎固定后就是一座简易木桥了。因为担心木头滑脚，我又将一张藤条编成的"笆子"放在桥上，这样过桥就很安全了。

佛教有"六度"（Pāramitā）的说法，所谓"度"，就是从此岸到彼岸的意思。六度是指布施、持戒、忍辱、精进、禅定、般若。

所谓此岸，就是我们这个婆娑世界，众苦积集，恶贯满盈，浊秽不堪，若真实佛子，唯愿出离。所谓彼岸，以西方极乐世界最为殊胜，无有众苦，但受诸乐，清净无比，若真实佛子，唯愿往生。要离此岸而达彼岸，必定要有一定的方法，这就是"布施、持戒、忍辱、精进、禅定、般若"这六波罗蜜了。

时值末法，很少人能真正受持六度波罗蜜，不若念佛稳当。一句"南无阿弥陀佛"六字洪名，包揽众德，总括六度万行，实在庄严无比。如果我们能都摄六根，净念相继，持名念佛，没有不能得度的，就看我们的信愿和行持工夫如何了。

我常常在想，那些来来往往走过如济居木桥的人们，他们或许能领悟其中道理吧。

如济赘语：

山居简易，物用维艰，自度尚且不暇，何况度人？"木桥""六度"云云，只是方便譬喻而已。

世尊住世时有个城东老母，她就是不肯和世尊遇见。世尊从东面来，她从西面去。世尊从南面来，她从北面去。世尊有次恰好将她堵住，她却低下头来痛哭不已，看也不看佛陀一眼！

耆阇崛山中，世尊宣说《妙法莲华经》时，五千退席。世尊默然无语，任其离开。然后对舍利弗说："我今此众。无复枝叶。纯有贞实。舍利弗。如是增上慢人。退亦佳矣。"

世尊住世时尚且如此，何况我们现在这个末法时期！佛在《地藏经》中说："南阎浮提众生，其性刚强，难调难伏。"所以现在许多人发心宣扬佛法，结果却招致非议，甚至受到诽谤，遇到障碍，这都是末法时期众生刚强难化的缘故。

俗话说"佛度有缘人"。所谓有缘人，就是指善根福德深厚，能信佛所说法的人。

现在这个时代，信佛很难。不要说相信佛法，就是要大家相信世间善法都很难。所谓世间善法，无非就是印光大师说的"敦伦尽份，闲邪存诚"而已。相信世间善法，然后才能相信因果报应，然后才能相信佛所说法。

信佛，不仅要信佛所说法，也要信正信的出家僧众，唯有如此，才是真正信佛，才能得度。

曾有《茶禅诗偈》四首，不妨转录如下，以供养大众：

一

道不修兮禅不参，吃茶吃饭困即眠。

闲来篱落石边坐，一架茅棚一架山。

二

禅不参兮道不修，桃花片片逐水流。

一瓯已尽日将午，坡上谁家水牯牛？

三

禅亦参兮道亦修，径山拂子沩山牛。

春来煎得茶味好，雨外时闻一声鸠。

四

道亦修兮禅亦参，茶勺半曲茶盏圆。

炉烟一篆虚空灭，款款蝶衣护蒲团。

莲池

对莲花的认知，最早开始于宋人周敦颐的《爱莲说》，虽然全文不足120字，但对莲花的描写却十分传神，堪称绝代佳作。

后来我到某地服役，恰好周遭都种植有莲花，每到夏季莲花开放时，我必然前去观赏。莲花种植在河道边，地方卑湿，滋生很多蚊虫。而莲花亭亭玉立在水中，水里长满浮萍，更显得娇艳无比。这时才真正理解了周敦颐所说"可远观而不可亵玩焉"的道理。

《佛说阿弥陀经》："又舍利弗。极乐国土。有七宝池。八功德水充满其中。池底纯以金沙布地。四边阶道，金银、琉璃、玻璃合成。上有楼阁，亦以金银、琉璃、玻璃、砗磲、赤珠、玛瑙而严饰之。池中莲花，大如车轮。青色青光。黄色黄光。赤色赤光。白色白光。微妙香洁。舍利弗。极乐国土成就如是功德庄严。"

极乐世界七宝池中没有淤泥，没有浮萍，也没有蚊虫叮咬。从他方世界往生到极乐世界的人，都在莲花中自然化生，结跏趺坐，清净无染，得紫磨真金色身。

莲宗初祖惠远大师在庐山东林寺结莲社，寺前凿池，满植莲花，也是劝导众生往生西方极乐世界的用意。

如济居茅棚旁边有一个小池，因为没有水，久已干涸。引来山泉水后，小池很快就注满清水。我在池里种植了睡莲，又放生了十几尾锦鲤，睡莲圆圆的绿叶衬托着锦鲤五颜六色的身影，活泼可爱。今年又将池塘扩大了一倍，想来明年的景象就更可观了。

记得法国画家莫奈有一组关于《睡莲》的油画，我印象很深，最早喜欢睡莲，大概也是因为莫奈吧。

如济赘语：

> 阿谁回首向终南？啼满千山复万山。
>
> 槐火新泉沫饽细，铁瓶老荈滋味宽。
>
> 莫笑蚩挨老如济，子规声里种王莲。

这是我前年在山上种植莲花时写的一首诗偈，借以表达自己希望莲池化生的美好愿望。

莲花要在开春后气温回暖时种植，去年因为种植不当，莲花没有长起来。我今年将池子重新整理并栽种莲花，到了六七月间，亭亭荷花就应该起来了吧？

六七月份不但是荷花展叶出华的季节，也是杜鹃啼唤的季节。所谓"子规声里种王莲"，说的就是这个季节。

宋人翁卷有《村居即事》诗曰："绿遍山原白满川，子规声里雨如烟。乡村四月闲人少，才了蚕桑又插田。"

这首诗我最早在《千家诗》里读过，很喜欢其中"子规声里雨如烟"一句。后来读到禅宗有关语录，知道其最初出处是洞山良价禅师的一首诗偈："净洗浓妆为阿谁，子规声里劝人归。百花落尽啼无尽，又向乱峰深处啼。"

春种秋收，春天是最为繁忙的播种季节。譬如这一池荷花，去岁因为种植不当，今年就得重新种过，但时间已经是隔岁了。不但没有观赏到荷花荷叶，也浪费了不少财力物力，而今岁种的比去岁整整晚了一年，空自蹉跎了三百六十五天大好光阴。如果用"一寸光阴一寸金"来计算的话，浪费就更多了。

净宗念佛法门也是这样。我们早一天听闻到佛号，就早一天种下净莲种子。早一天种了净莲种子，就早一天往生到西方极乐世界，花开见佛，亲证菩提。净宗大德常说"净土法门是易行难信之法"，关键就是这样的法门你是否能听闻到。真正听闻到了，又肯相信，才会种下净莲种子。有一天，这种子发芽了，就称做"根熟众生"，也就是具备了信、愿、行三个条件的众生。

莲花生长在淤泥中，出污泥而不染，不但能生长，还能出离，这才是莲的本色。我们这个五浊恶世好比淤泥，此时正好种莲。而且要种王莲，能够承载更多的重量，更多的苦难，更多的希望。要有大气量，大愿力，大枝大茎，大叶大华，这才是末法时期最具契机的修行法门。

释迦牟尼佛在经中称颂阿弥陀佛是"光中极尊，佛中之王"，可谓称颂到了极处。

所以种莲要种王莲，大根大叶，大茎大华，其华展开，光满三千大千世界。佛经中说的"心包太虚、量周沙界"，就是这个意思。发心一定要大，度量也要大，这样才能与阿弥陀佛广大行愿相应，也就是佛经上说的，要做"大心凡夫"。

我们既然相信佛法，相信净土法门，就不要管身边世界如何变化，也不要管别人怎么说，只管一心持诵"阿弥陀佛"圣号，莲叶自然会渐渐展开，莲花孕育，这就是出离的功夫了。待得六七月份，就是一池亭亭玉立、风荷举袂的清静景致了。

千竹庵

千竹庵位于终南山紫阁峪内，是继如济居后，我在山下修建的又一处茅棚。因为不用登山，往来便利，这些年我经常登临此地。

说起来真是惭愧无比呵，这十来年忙忙碌碌的，不但未能彻底断掉尘缘，修行工夫也没有丝毫提高，偷心未死，依然在尘世间造轮回业。又是广福茅棚，又是如济居，又是千竹庵，茅棚造了不少，也结了不少善缘，但个人实际修持功夫却没有多少长进。别人不明所以，自己心里很清楚。所谓"如人饮水，冷暖自知"，每每想起，惭愧不已。

时值末法时期，百无聊赖。也只能尽自己的因缘和能力，做一些力所能及的事情。于是建草庵，搭柴棚，筑水坝，凿莲池，以供养大众，以消自己的业障。偶有闲暇，不妨敷蒲团、布茶器，煎水煮茗，以消磨残生。竹庵虽然简陋，但能遮风雨，能在这纷扰的尘世间，给那些追求心灵自由的人提供一方净室，写就一篇清净文字，在我个人而言，已经心满意足了。

日本茶道宗匠千利休在《南坊录》中说："小草庵里的茶道，首先要以佛法修行得道为要义。追求豪华的房宅、美味的食品，那是俗世之举。家不漏雨，食无饥渴便足矣。佛之教便是茶之本意。""汲水、拾薪、烧水、点茶、供佛、施人、自啜、插花焚香，皆为习佛修行之行为。"又说："茶道的秘诀是，夏日求其凉，冬日求其暖，茶要合于口，炭要利于燃。"

所以，搭桥、修路、割草、补漏、扫尘、礼佛、坐禅、诵经、读书、抚琴、汲水、劈柴、烧水、瀹茶，是我在千竹庵全部生活内容，舍此而外，如济不知也。

如济赘语：

今天是农历十月十五日，与《问道》杂志社张剑峰主编一行，前往终南山千竹庵饮茶。

今天携带了不少物品，有香菇、木耳、黄花等干菜。还有冰糖、白糖、挂面、咸菜等日用品。一部分是供养紫竹茅棚明云尼师的，她今天止语入关；另一部分是供养广福茅棚住山僧众的，以御严冬。这些物品是前天晚上夫人和儿子一起去超市里买的，昨晚送来我这里。夫人今天因为单位加班，不能同来随喜，甚为遗憾。

隔岸就是千竹庵了。踏过小河，走过一小段斜斜石径，就到了千竹庵柴门前。庭院里草色已经枯黄，竹叶依然苍翠，似乎在欢迎我们回家呢。

打扫过庭院后，供佛上香，生火、烧水、煮茶。先去紫竹茅棚给明云尼师送供养。她今早两点半钟入关房，院子里静悄悄的，柴门也已经上锁，我们将供养物品放在院内石磨盘上，就悄悄离开了。

今天天气晴好，中午备素斋。计有凉拌豆芽一盘，炒老豆腐一盘，腌渍酸菜、泡姜各一小碟，另有一锅煮面片和一篮蒸馒头。张剑峰道友从河床里背了块景观石到庭院，很辛苦。我特意劝他多吃一些，才有力气饮茶。

法轮未转，食轮先转。朋友有缘来千竹庵雅聚，必定要吃得满意。

茶已熟，大家围坐在庭院石桌旁，氤氲的香气染满衣袖。我又特意招呼张剑峰道友来到茅屋里，山窗微照，蒲团静坐，对饮煮透的武夷老水仙一碗，不但消食，也很暖胃。

茅屋外泉声淅沥，竹翠迎人。紫阁峰沐浴在午后阳光里，送来丝丝暖意。

乃作歌曰：

> 紫阁沐冬寒，清流且涓涓。
>
> 茶汤入肚暖，竹翠映茅庵。

南山如济山居诗选录

南山屋一檐

南山屋一檐,檐外只青山。

水潽茶香细,春风不肯言。

山居纪事

山势若围城,茅棚初掌灯。

贝叶数行字,蒲团一个僧。

坐久思茶饮,清泉活火烹。

文　琴

春花娇欲语,春水细如鳞。

春意怜柳絮,春阴润诗襟。

春风和且畅,春日弄文琴。

如济家风

一个茅草亭子,三间夯土瓦房。

折脚铛子煮水,破旧故纸糊窗。

青山一时放却,如济家风举扬。

细　霜

竹庵昨夜呵素妆，石径柴扉染细霜。

炉火初红安铁釜，松风欲动下绳床。

落落群峰如列坐，南山今日放茶汤。

南山如济煎茶

一炉不拈不炷香，一领不僧不道装。

一罐不拆不洗水，一窗不垢不净光。

无是无非老如济，蒲团向午瀹茶汤。

绳　床

小池曲水映柴门，竹叶披离莲叶深。

铁釜烹茗开鱼目，绳床趺坐焚角沉。

霞光一道忽飞去，紫阁峰头卧白云。

山居诗偈

竹庵静坐阅茶烟，雀噪蝉鸣六月天。

紫阁峰头白云澹，念佛沟底磬石圆。

抛却人间闲干事，茅亭蒲扇向午眠。

山居写意

野藤匍匐上茅亭，雨后南山照眼明。

老去维摩情怀淡，新生荷叶头角青。

砂铫泥炉仍不弃，煎茶吃了颂莲经。

山居偈子

一念终南梦里山，青霜红叶竞层岩。

搬柴运水夸神用，铺地盖天参祖禅。

夜半蒲团依依坐，茶汤啜罢韵味宽。

无 题

林下相逢羞论禅，且将青眼看青山。

茶汤七水香仍在，佛号千声腔未圆。

秋阳暖照闲庭院，放任黄花仔细参。

山居遣兴

陇亩园田久萦牵，渊明诗卷付野烟。

江山无处容归棹，茅舍多情护蒲团。

茗碗熏炉依旧坐，山窗向午诵楞严。

后　话

　　一个人在家中住久了，便想着住进山里。在山里住不了几日，又想着住回家中。我们这些芸芸众生就是这样，心里妄想分别很多，也很执著，客尘烦恼习气很难改变。我们就这样走进山里。

　　古德曾言：著述宜在晚年。这句话我印象很深。可惜毛病习气始终改不了，只能深感惭愧。

　　好在所有言说都是很平常的"山语山言"，写来毫不费力，读来也颇感亲切。而且写的多为山中所见闻，对于那些向往住山的人或许会有些启发吧。

　　说到住山，其实只是个譬喻。山在哪里？就在我们每个人心里。眼睛里看见的，耳朵里听闻的，睡梦里想象的，只是山的轮廓、山的影子，都不是真实的山。只有自己心里的那座山，才是真实的。

　　心里的山可以巍峨如南山，也可以卑小如土丘。可以是阿尔卑斯山，也可以是灵鹫山，也可以是月亮山。

　　心里的山没有纷争，没有污染，也没有贫富贵贱之分。

　　心里的山是宁静的，风雨晦朔，季节更迭，不变的是山的庄严与清静。

　　白云出岫，飞鸟栖止，水清石白，竹翠花黄，演说着生命的自由与尊严。

　　日光显耀，月色清凉，好风入怀，微雨东来，示现着生命的自在与喜悦。

就在每个人心里的大山结茅而居吧,煎水煮茗,参禅念佛,在季节轮回中走完人生路途。

噫,世事艰辛,人心唯危。所有言说,尽成空谈,乃以"岭上多白云"名之。若真有可借鉴者,则诚所愿也。

丁亥岁夏月,常惭愧人南山子如济谨记

跋：随所居处，皆是终南

"山中何所有？岭上多白云；只可自怡悦，不堪持寄君。"这是南朝隐士陶弘景对齐高帝萧道成劝谏他弃隐出仕的书信的答诗。其诗简洁淡泊，浑然天成，有行云流水之妙。

隐士及隐逸传统，是中国古老而独特的文化现象之一。作为中国儒道文化源头的经典《易经》，其六十四卦中专门有一卦曰"遯"（通"遁"）卦。遁者，退避、隐遁也。其卦象为天下有山，意为当时局不利、小人得志时，君子可以到山中隐居，修身养性，以期将来更好地用世、服务社会。因为君子采取了退避的策略，不与小人结仇，无需造恶业而保持了人格尊严，同时又以其高洁的操守、高深的道德修证，而对天下产生着深远的精神影响，故彖辞曰："遁之时义大矣哉！"

历代纪录隐士事迹的书也有一些，比如《高士传》《隐逸传》等。2002年，美国汉学家比尔·波特的《空谷幽兰》一书，将隐士与隐逸传统重新带入了当代中国人的视野。现代工业文明对农业文明的吞噬，以及商业社会一切向钱看的价值取向，给当代中国人造成了沉重的精神负担和心灵伤害，而人们作为渺小的个体，只能被滚滚的时代大潮裹挟而去而无力反抗、无处逃避，于是《空谷幽兰》出人意料地成为一本非小说类的畅销书，书中所描写的终南山和山中的修道人，也成为读者心目中的一方净土，以及某种意义上的精神家园。

《空谷幽兰》之后，有西安人曰张剑峰者，弃职入终南山寻访隐士，时间长达三年，写成了《寻访终南》一书，并在此后创办了《问道》杂志，以弘扬传统文化为己任，迄今已有数年，影响日益扩大。

《岭上多白云》，则是被称为"终南名士"的当代隐士南山如济先生的散文集。据说如济先生在世间有很好的工作，但因有"林泉膏肓之疾"，遂弃官隐居，被张剑峰先生称为"当代陶渊明"。在本书中，如济先生与我们分享了他在终南山的两座茅棚"如济居"和"千竹庵"的日常生活场景,其中自然不乏风雅之事:对清风明月饮茶,以杏花蓓蕾入茶,以荷花瓣盛茶,听潇潇春雨,弹琴吹箫,泼墨挥毫,烹雪敲冰,临风赏月,歌咏长啸……得尽人间清趣。

不过在文士清雅之外,如济先生的笔下还有朴实的一面,他没有回避山居生活的清苦和简陋:"几间歪歪斜斜的茅草房,几个节衣缩食的住山人,一屋子呛人的烟火气……",挑水劈柴,烧火煨炕,种菜做饭,日常生活的一切,都得自己动手料理。如果没有乡村生活的功底,光这一点,就足以让很多想隐居的人的美好梦想化为泡影……更不要说,有时还有点儿小小的烦恼:山居只能用与山民一样简陋的东西,否则你不在家的时候,茅棚就有可能被梁上君子光顾,稍好一点儿的东西,会被一扫而空。在这一点上,如济先生很旷达,他把自己丢的东西当成布施给对方了,反正对方偷走了也是要用的。他学会把山民遗弃的盆盆罐罐略加修整而成为山居茶器,并从中得到了茶道的节俭和朴拙之趣。

如果上面所说的两点你都能承受,那么还有山居生活的孤独和寂寞需要你面对。在文人雅行之外,如济先生还读经、坐禅、经行、念佛,归心净土,一意求生极乐世界。这是山居的正道,也是山居的根基。弘一大师说,人的追求始而文学,继而艺术,再而哲学,终而宗教。如果不以修道为目标和生活内容,并且从中汲取营养,从而得到真实的喜悦和乐趣的话,那么山居生活对于大部分人来说,终将难以为继因为他们无以安心,势将落入枯寂和无记空之中。

在现实生活中,能像如济先生那样,有条件隐居于终南山的,毕竟是少数人,对我等大部分凡夫俗子来说,只能是望而叹羡了。不过,只要我们有足够的坚持和觉照力,也可以在滚滚红尘当中隐居,那就是,笔者在多年前的一篇文章中所提到的理念:"家是寺庙,心是道场,生活是大禅师",如果能在此中时时砥砺,终有一天能见到我们生命深处最重要的那位隐士——自性。如能见到自性,则随所居处,皆是终南了。

——《空谷幽兰》翻译者 明洁居士